KB241268

의사가 되는 골든타임

의사가 되는 골든타임

양성관 글

I AM A DOCTOR

의사를 꿈꾸는 이들을 위한 직업 공감 이야기

크록

CONTENTS

Part 2
의사의 자격

Part 3
의사가 말하는 의사

Part 4
의사의 의미

내 과 양
전문의

PROLOGUE

나는 의사다. 이상하게 들릴지 몰라도 의사 그 자체다. 자연인으로서 모습은 온데간데없어지고 직업만이 나를 가장 잘 규정하게 되었다. 하는 일이 의업임은 당연하고 매일이 환자 중심이다. 어린 자녀들이 아프면 누구보다 빠르게 알아채고, 지하철에서 생판 모르는 다른 승객 목이 부은 걸 보고 갑상선 항진증이냐고 물어보고 싶은 마음을 애써 참는다. 의사를 꿈꾸며 살았던 시절도 있지만, 의사가 된 이후의 치열한 생활은 이전 기억을 모두 잊게 했다. 나는 시사도 잘 모르고 취미도 별다른 게 없다. 의사로 살다 보니 이렇게 되어버렸다.

"넌 이렇게 사는 내가 좋아 보이니?"

의사가 되고 싶다는 친구들에게 물어보고 싶은 질문이다. 의사가 되면 강한 노동과 그로 인한 과로를 견뎌야 한다. 의학은 방대하고 모든 과정은 매우 길고 지루하다. 의대생들은 의학 말고는 모두 포기하게 되면서 자괴감에 빠지기도 한다. 그런데 내가 아는 의사 지망생들은 그런 면면을 다 알고도 좋아 보인다고 했다. 밖에서 보는 장점이 단점보다 더 커 보였기 때문이지 않을까. 모든 의사도 어릴 때는 그런 마음이지만 시간이 흐르고 꿈은 현실이 된다. 그토록 간절히 의사가 되기를 원하던 아이의 마음이 어땠는지 잘 기억하지 못한다.

중학생인 처조카 지원이는 의사가 되고 싶다고 했다. 의사의 딸이니 아마도 자기 아버지가 자랑스럽고 닮고 싶어서였으리라. 의사가 되려면 역시 공부가 제일 중요하다. 그런데 이 친구는 공부 말고도 다른 여러 가지에 관심이 많다. 인술仁術의 슈바이처보다는 "이 세상에 나는 홀딱 빠져있어The world fascinates me"라던 팝아티스트 앤디 워홀의 정신적 후예에 더 가깝다. 나도 그런 사람이었다. 나 같은 사람이 의사가 되고 싶으면 내면을 개조하고 멀고 험한 길을 참으며 걸어야 한다. 고통의 길을 걸으면 발에 생채기가 난다. 상처만 남고 끝까지 걷지 못할 가능성도 있다.

고통을 잊으려면 즐겨야 한다. 나는 동기부여가 단연 최고의 방법이라고 믿는다. 지원이의 마음속에 강한 동기의 싹이 트도록 하고 싶었다. 의사가 사는 방식을 속속들이 알게 하고, 그 삶을 더욱 사랑하게 할 수 있다면 좋겠단 생각을 했다. 일단 그렇게 되면 누구도 이 열정적인 중학생이 의사가 되는 것을 방해할 수 없을 테니까 말이다. 그래서 나는 비번날 지원이를 데리고 병원 곳곳을 보여주고 다녔다. 의사가 일하는 곳과 쉬는 곳, 검체가 다니는 길, 환자가 이송되는 모습 등 생생한 장면을 다니며 들췄다. 효과가 있었다. 병원에 다녀온 이후 지원이는 달라졌다. 듣기로는 놀랍도록 집중해 공부한다고 했다.

이 책은 의사를 꿈꾸는 대한민국의 지원이들을 위해 썼다. 쉽게 읽히도록 노력하고 많은 정보가 담기도록, 또 현실적인 이야기만을 위주로 썼다. 비록 의사가 되고 싶었던 어린 시절이 잘 기억나지는 않지만, 그때의 심리를 떠올리며 눈높이에 맞추고자 노력했다. 책을 읽는 모든 독자들이 즐기며 읽기를 바란다.

하얀 가운을 걸치고 아침을 시작하는 기분이 좋다. 저녁이 피로할지언정 아침은 항상 상쾌하다. 지원이의 아침도 그러기를 바란다. 의사란 좋은 직업이니까.

I am a doctor

Part 1 의사, 환자를 부탁해

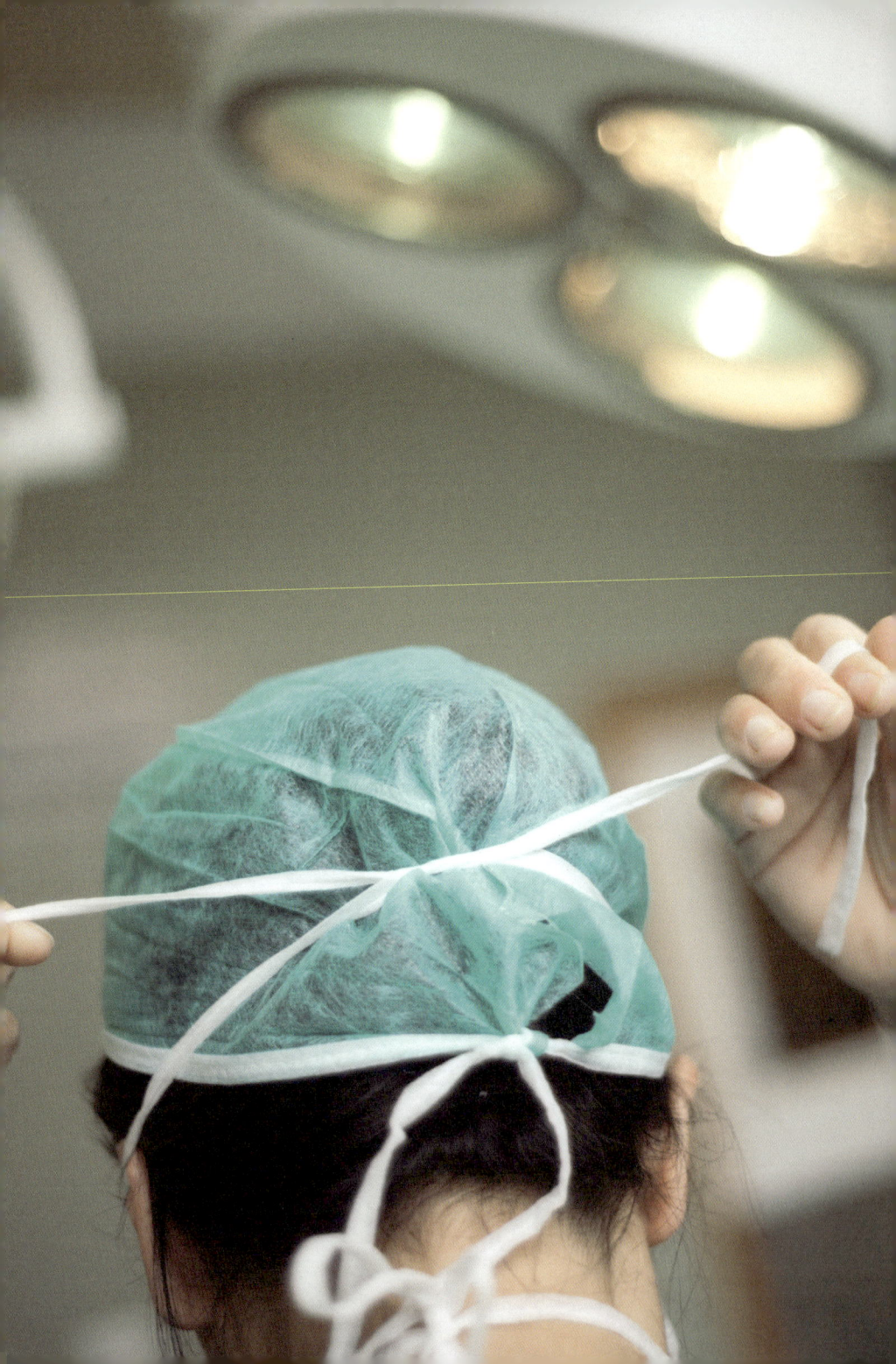

1 의사가 하는 일

독자 여러분께 먼저 "의사라는 직업을 정의한다면?"이라고 묻고 싶다. 얼핏 쉬워 보이지만 꼭 그렇지도 않다. 간단하게는 병을 고치는 직업군을 말한다. 하지만 이 정의만으로는 '의사'의 의미를 온전히 담을 수 없다. 병을 고친다고 다 의사는 아니다. 할머니 손은 언제나 약손이지만 약손 때문에 그녀를 의사라 할 수는 없다.

사실 고대의 의사들은 이 정도로도 규정이 가능했다. 딱히 의학이라고 할만한 지식이 없던 시절, 민간요법과 크게 다르지 않았으니 우리 할머니를 의사라 해도 되지 않을까? 실제로 근대 이전에는 병에 대한 깊은 지식을 가진 현자賢者가 동네마다 한 명씩은 있었다.

하지만 현대에 와서 의학의 의미가 달라졌다. 과학이 영향을 미쳤기 때문이다. 즉 의사는 과학적 바탕에서 자기 직업을 시작한다. 현대의 모든 의사는 병에 대해 잘 알고 있으면서도 과학자의 면모를 가졌다.

현대 의학은 실용과학의 꽃이다. 현대의 의사들은 항생제, 백

신, 인슐린 같은 위대한 발견들을 이끌었다. 의학은 분과별로 세분화되었고, 심지어는 환자를 보지 않는 의사도 생겨났다. 메디컬 드라마에서처럼 환자의 병을 코앞에서 마주하는 의사도 있지만, 어떤 이는 멀리서 영상 판독을 하며 환자를 지켜보기도 한다.

따라서 의사가 되기 위해선 의과대학을 다니며 반드시 과학 공부를 마스터해야 한다. 물론 과학을 모르는 이가 우연히 의대를 들어와 단순히 병을 배우고 졸업하는 경우도 종종 있다. 하지만 이런 학생은 의대를 다니는 동안 극심한 고통을 겪는데다가, 졸업해서도 의사로서 발전이 없다. 의학은 과학에 발맞추어 계속 진화하는데 따라 갈 여력이 안 된다고나 할까.

그렇다고 의사가 꼭 과학자의 면모만 있지도 않다. 의사가 일하는 곳은 실험실이 아닌 진료실이다. 실제로 피가 튀고 신음이 흐르는 그곳에서 실험실 같은 완벽한 통제 상황을 기대할수는 없다. 실패를 딛고 다음 기회를 노리는 것도 불가능하다. 의사는 병과 치료법의 기전을 앎과 동시에, 겁에 질린 환자에게 치료를 설득해야 하기도 하고, 치료비가 없는 환자에게 사회 복지망을 연결해 주기도 해야 한다. 말하자면 이것저것 다할 수 있는 만능선수All round player 가 되어야 한다.

원점으로 돌아와 "의사란 무엇인가?"라는 질문에 간단히 답해본다면, 현대과학을 토대로 의료행위를 하는 일련의 직업군을 말한다. 사회적으로는 환자를 대면하여 치료하는 임상의를 의사라고 하지만, 엄밀히는 의과대학을 졸업해 의사국가고시에 합격한 이를 통칭한다.

이들은 과학자이면서 치료자다. 하지만 때로는 비과학의 영역에 통달해야 한다. 살아 있는 사람을 대상으로 실험실에서 피험체를 대하듯 할 수는 없기 때문이다. 이렇게 의사는 사람의 신체를 가장 잘 아는 전문가로 훈련받고, 궁극적으로 환자 정신의 치료에 관여하기도 한다.

의사라는 직업을 비유로 설명하자면, 병을 퇴치하는 군인이고 때로는 사람을 미분하기도 또한 공감도 하면서 가장 가까운 곳에서 탐구하는 학생이다. 지금부터 의사로서 어떤 일을 하는지 질문과 답변을 통해 자세히 설명하고자 한다.

의사는
어떤 일을 하나요?

의사의 종류는 너무도 많고, 하는 일 또한 천차만별이다. 필자와 같은 내과 전문의라더라도 수많은 세부 전문의들이 존재하고 있고, 세부 분과가 같다 하더라도 다들 조금씩 다른 일을 하고 있다.

하지만 의사라면 공통으로 '진료'와 '진단'의 업무를 하게 된다. 의사는 환자에 따라 진료 과정에서 시진, 청진, 타진, 촉진 등의 고전적인 방법을 사용하기도 하고, 초음파나 CT, MRI 같은 영상 기술을 사용하기도 한다. 피검사 등을 통해 몸 안의 화학 정보를 알아보기도 하고, 직접 환자의 병이 있는 부위의 조직을 주사로 채취해 관찰하는 생검의 방법을 쓰기도 한다.

보통 진단이 끝나면 치료를 한다. 물론 진단이 완벽하지 않아도 고통받는 환자를 위해 치료를 하기도 한다. 치료에도 역시 여러 방법이 있다. 수술이 주된 치료법인 의사를 외과의, 약을 주로 쓰는 의사를 내과의라고 한다. 외과의와 내과의는 몸의 각 부위에 따라 또 분과로 매우 세분화되어 있고 서로의 분야에 대해 프로로서 매우 존중한다. 외과의와 내과의의 영역이 가끔 겹치는 경우도 있다. 수술의가 약을 쓰는 경우도 있고, 내과의가 수술까지는 아니더라도 신체에 공격적 술기를 시행하는 경우도 있다. 이렇게 영역이 겹치는 경우, 병원에 따라 분과별로 역할이 달라지기도 한다.

세상에 내과의와 외과의만 있는 것도 아니다. 진료를 돕기 위한 과들도 많이 존재한다. 병리학과는 생검 결과를 현미경으로 분석하고, 진단의학과는 피검사 결과 등을 연구한다. 영상의학과는 영상 판독과 영상 기구를 이용한 고난이도의 술기를 한다. 핵의학과는 방사성동위원소를 이용한 진단과 치료를 시행한다. 방사선종양학과는 방사선을 이용해 암을 태운다.

의사의 또 다른 중요한 업무는 연구다. 전 세계 의사는 하나의 지식으로 연결되어 있으며, 곳곳에서 케이스 발표 등을 통해 지식을 업데이트해야 한다. 이 때문에 의사들 사이에서는 연구를 좋아하는 이를 높게 치고, 싫어하면 게으르다고 다소 무시하는 분위기가 존재하기도 한다.

Q2
의사의 하루 일정은
어떻게 되나요?

의사의 하루 일정을 알려면 의사가 일하는 공간을 먼저 이해해야 한다. 대부분의 진료는 '외래'라는 곳에서 시작한다. 영어의 'Outpatient clinic'에서 유래한 말로 'Out^{外來}: 병원 밖에서 의사를 직접 보러 온', 'Patient: 환자'를 의미한다. 환자가 입원하지 않고 집에서 다니며 의사에게 치료를 받는 진료 행위를 뜻한다.

또한, 의학이 과학의 옷을 입기 시작하면서 치료 현장도 실험실 같은 통제 상황이 요구됐다. 환자를 의사의 시선 아래 두고 식사와 수면, 모든 생체신호를 지속 관찰한다. 치료하더라도 효과를 바로 알 수 있는 그런 공간을 '입원실'이라고 한다. 이 입원실 밖의 공간은 기본적으로 모두 외래이다. 동네 의원은 '이웃의 외래'이고, 종합병원의 교수 진료는 '입원이 가능한 외래'이다. 응급실조차도 '급한 외래'라고 볼 수 있다. 모든 임상의는 자기 외래가 있고, 이들의 하루는 이 외래에서 시작한다.

앞서 언급했듯이 의사는 크게 두 부류로 나뉜다. 치료 약만 쓰는 의사와 수술하는 의사이다. 전자를 내과 의사라고 하고,

후자를 외과 의사라고 한다. 이 둘은 외래의 각자 다른 목적을 갖고 외래를 운영한다. 내과의는 치료 대부분이 자기 외래에서 이뤄진다. 경구약을 처방해 약국에서 받아가게 하거나, 치료 부위에 직접 주사 등의 도구를 이용해 주입하는 식이다. 이들에게는 입원조차도 외래의 연장이다. 외래 치료로 역부족일 것 같으면 입원시키거나, 입원실이 없는 동네 의원이라면 환자를 입원실이 있는 종합병원으로 보낸다.

따라서 내과의는 대부분의 시간 동안 외래를 본다. 동네 의원에서 일하는 필자같이 하루 종일 외래만 보는 의사도 있지만, 종합병원에서 근무하는 의사라면 외래도 보고 입원 환자도 같이 돌본다. 이렇게 자기가 입원시킨 환자를 중간중간 둘러보는 것을 회진이라고 한다.

반면, 외과의는 수술을 위해 외래를 운영한다. 수술을 예정하지 않은 환자인데 계속 자신이 외래에서 관리하고 있다면 '수술을 할 수도 있는 가능성'을 가진 경우다. 외과의는 수술을 위한 상담, 수술한 후의 처치 등 이외에는 특별한 역할을 가지지 않는다. 따라서 외과의는 대부분의 하루를 모두 수술을 하며 보낸다.

21

Q3
의사에 대한 정보는
어디서 얻을 수 있나요?

의대에 들어가기 위한 정보는 대학입시 시장에 널려 있다. 당연히 우리나라에서 가장 치열한 세계 중 하나이며, 수험생들은 그곳의 최신 정보들을 알고 또 열심히 공부하면 의대에 들어갈 수 있다.

의사의 삶에 대한 정보는 직접 의사의 입을 통해 듣는 편이 낫다. 글은 퇴고를 거친 형식이기 때문에 가끔 날 것의 정보를 얻는 데 어려움이 있기 때문이다. 최근에는 유튜브 채널 등에 의사의 삶에 대한 정보가 담긴 영상이 많이 올라온다. 그중 재미있게 봤던 몇몇 채널들을 소개해 본다.

의사에 대한 정보를 얻을 수 있는 유튜브 채널

- 유튜브 채널 '투비닥터'
  https://www.youtube.com/channel/UCBVOID5ySZWdUOYWZyPddTg/videos
- 유튜브 채널 '금닥터TV'
  https://www.youtube.com/channel/UCeMWIOj1VZhoIaQ6mkXUcgA/videos
- 유튜브 채널 '병국투어'
  https://www.youtube.com/channel/UCvbmonzChcm05vedRCYErgA/videos

또 의사들이 쓴 책들도 추천하고 싶다. 필자도 의사의 삶을 담은 『당신의 아픔이 낫길 바랍니다』의 책을 최근 출간한 바 있고 남궁인, 양성관, 곽경훈 등 다작 의사 작가들의 작품도 있으니 참고하면 의사라는 직업을 이해하는 데 도움이 될 것이다.

하루에 몇 명의 환자를
치료하나요?

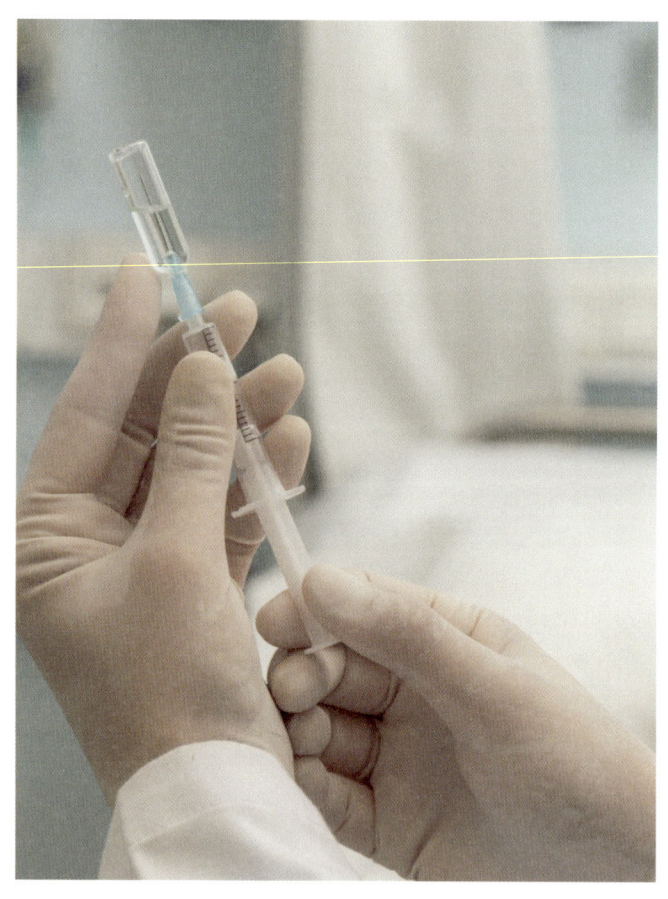

치료의 시간과 종류에 따라 하루에 보는 환자의 수가 결정된다. 일단 필자는 하루 60명에서 100명의 환자를 본다. 아침부터 저녁까지 외래를 보기 때문이다. 많다면 많은 숫자지만, 과거 인턴 때 했던 24시간 연속근무를 떠올려보면 비교가 안 될 정도로 적다. 응급실에서 일하면 한 번 근무에 200명의 환자는 기본이다.

치료의 종류를 생각해 보면 또 다르다. 외과 의사 등은 수술이라는 형태의 치료를 하기 때문에 시간이 오래 걸린다. 이 경우라면 하루 20명도 많을 것이다. 수술도 간단한 수술 위주로 하는 의사가 있고 10시간 넘는 수술을 하는 의사도 있다. 그렇기 때문에 하루에 몇 명의 환자를 치료하는지 정확히 알 수는 없다.

다만, 다른 선진국들에 비해 우리나라는 한 명의 의사가 보는 환자 수가 압도적으로 많은 편이다. 의료비가 싸서 환자들이 쉽게 병원을 찾기 때문이다. 물론 병원 문턱이 낮아도 의료의 수준은 탑 클래스이다. 또 다른 이유로는 국민건강보험공단에서 지급하는 낮은 치료 수가다. 병원을 운영하는 입장에선 환자를 많이 진료해야만 한다. 이에 따라 의료 시스템이 맞춰 변화했다. 이 고질적인 저수가에 대해서는 의료계 종사자라면 누구나 인지하고 있다. 그래서 지금도 의사 단체와 정부 등의 지속적인 합의가 오고 가고 있다.

진료는
어떻게 이루어지나요?

진료하는 의료진은 팀으로 이뤄진다. 의사와 간호사는 서로 떨어질 수 없는 짝꿍이다. 이 둘은 상하관계가 아니라, 서로 돕는 관계에 가깝다. 둘 중 어느 한 명만 있다면 진료가 제대로 이뤄지지 않는다. 외래나 수술방, 입원실에서 일하는 모든 이들도 마찬가지이다.

독자 여러분들께선 한 번쯤 동네 의원에 가보았을 테니 분위기를 잘 알 것이다. 대체로 의사를 만나 문진을 받고, 주사를 맞거나 약을 처방받고 귀가한다. 그런데 몸 상태가 너무 나빠 입원을 하려면 어떻게 해야 할까? 두 가지 방법이 있다. 입원실이 있는 병원에 외래를 가거나 응급실에 간다. 그곳에서 의사의 판단에 따라 귀가하거나 입원을 한다.

입원 치료를 하다가도 상태가 나빠지면 중환자실로 가는 경우도 있다. 많은 사람들이 응급실과 중환자실을 헷갈려 하는데 사실 둘은 완전히 다른 공간이다. 응급실은 외부에서 온 환자를 바로 받는 곳이고, 중환자실은 중한 환자들을 집중치료하는 입원실이다. 즉 응급실에는 경증의 환자도 많지만, 중환자실은 중증환자만 있다.

환자가 병원 밖에서 병원을 처음 방문했을 때 의사가 하는 진료를 '초진'이라고 한다. 당연히 외래 또는 응급실에서 이뤄진다. 요즘은 초음파, CT, MRI 등 의사가 환자의 병을 판단하기에 좋은 도구들이 널려 있다. 그래도 기본은 진찰이다. 의사의 진찰은 시진, 청진, 타진, 촉진으로 이뤄진다.

'시진'은 환자의 몸 상태를 눈으로 보는 진찰을 말한다. 보는 행위는 환자의 몸에 변화를 가하지 않으면서 분석할 수 있어 가장 중요하고 우선된다. '청진'은 환자의 몸에서 나는 소리를 듣는 진료 행위다. 이때는 의사의 상징처럼 여겨지는 청진기가 주로 이용된다. 몸에서 나는 작은 소리들을 큰 소리로 증폭시켜 듣는데 그 소리가 내는 패턴이 많은 정보를 주곤 한다. '타진'은 환부를 두들기는 진찰법이다. 몸 안의 공명음과 체액의 소리가 의사에게 많은 정보를 준다. 물이 차면 탁한 소리가, 공기가 차면 고음이 들린다. '촉진'은 만져 아는 진단 행위다. 촉진은 환부의 악화 등 여러 변화를 일으킬 수 있기에 조심스러워야 한다. 그래서 대개 가장 마지막에 행하게 된다.

이 모든 진찰과 동시에 생체신호 확인이라든가 기본적인 환자의 파악이 이뤄진다. 환자의 경중 여부는 이 순간 잘 파악해야 한다. 그 파악이 어렵거나 더 알아봐야 하는 경우가 생기기도 한다. 그럴 때 피검사나 영상검사 등의 정밀 검사가 진행된다.

진단의 과정은 몇 초 내에 끝나기도, 때로는 며칠이 걸리기도 한다. 빨리 진단이 나오지 않으면 환자는 답답해하지만 아무

치료나 무턱대고 할 수는 없다. 그래서 의사는 불안해하는 환
자를 잘 달래야 한다. 이 과정에서 안전하면서도 필요한 치료
를 진행하는 것이 의사가 할 일이다.

Q6
진료할 때 복장 규정이
따로 있나요?

흰 가운은 의사의 상징처럼 여겨진다. 하지만 항상 그랬던 것은 아니다. 흰 가운을 입기 시작한 것은 100여 년 정도 되었다. 중세 시대의 의사들은 검은 옷을 입었다고 전해진다. 같은 의학이지만 근대 이후의 과학이 지금의 의학을 만들었듯, 현대 의학은 복장에서도 중세 의학을 계승하지 않는다. 의사들은 매우 실용적인 이유로 흰 가운을 입는다.

현대 의학의 발전에는 항생제의 발견이 독보적인 공헌을 했다. 감염 문제를 해결하니 그 위치가 공고해졌다. 흰 가운이 상징적인 이유는 이 때문이다. 피나 오물 같은 더러운 물질이 묻었을 때 바로 알 수 있게 하려는 실용적 목적이 숨어 있다. 의사는 여러 환자를 보기 때문에 더욱 그럴 필요가 있다. 여러 환자에게 감염시킬 수도 있는 고리를 조기에 끊기 위한 일련의 장치다.

영어로는 이 옷을 'lab coat 실험실 코트'라고 한다. 실험실에서 약사, 과학자, 연구원 등이 유해한 화학물질로부터 자신을 보호하기 위해 입기도 한다. 하체까지 튀는 걸 막기 위해 무릎까지 길게 늘어뜨렸다.

하지만 과학은 언제나 더 나음을 추구하고 진화한다. 실용성을 향한 진화가 다른 변화를 불러일으켰다. 언제부턴가 감염을 막기 위해서는 손 씻기가 더 중요하다고 알려졌고, 소매가 거추장스러운 흰 가운을 벗는 의사가 나타났다. 대개 브이넥 반팔 티셔츠로 된 유니폼인데 '수술복'이라고도 하고 혹자는 '스크럽scrubs'이라고 부르기도 한다. 소매가 없으니 팔 전체를 깨끗이 씻어 감염을 예방하기 좋은 모양새다. 영국 스코틀랜드에서는 아예 흰 가운을 안 입기로 했다고 한다.

그럼에도 흰 가운은 여전히 의사의 권위와 프로다움을 나타내기 좋은 복장이다. 영미권이나 그 영향을 많이 받은 우리나라에서도 스크럽을 많이 입지만, 아직 세계 많은 나라 의사들이 흰 가운을 입는다. 한번은 필자가 스크럽을 입고 러시아 환자를 진료했을 때 보호자가 "의사 아닌 일반 사람이 진료한다"라며 강하게 항의한 적도 있었다. 이런 상징성 때문에라도 의사들은 쉽사리 가운을 벗지 못한다.

실제 이 옷을 입어보면 길이가 길어 심히 거추장스럽다. 응급상황에 뛰기에도 불편하기 이를 데 없다. 최근에는 정장 재킷처럼 생긴 상체만 덮는 가운도 나왔다. 일부 대형 대학병원에서 시작한 유행인데, 교수급만 입을 수 있어 가운이 짧으면 더 권위 있어 보인다고도 한다. 하지만 모든 병원의 복장 규정이 다 그렇지는 않다. 따라서 복장만으로 누가 섣불리 교수인지 판단하기는 어렵다.

2   의사가 갖추어야 할 조건

의사는 타고나기보다는 만들어지는 직업이다. 아무리 천재라도 병을 직관적으로 알아채기란 매우 어려우며, 끊임없이 스승에게 배우고 갈고 닦아야 비로소 병에 대해 알게 된다. 따라서 학년 하나, 연차 하나에 큰 차이가 있다. 그래서 본과 3학년 꼴찌가 본과 2학년 1등보다 낫다는 이야기도 있다. 또 아무리 똑똑한 학생이라도 의대를 졸업하고 인턴이 되면 아는 바가 하나도 없어 간혹 자괴감에 빠진다. 따라서 모든 의사는 스승으로부터 혹독한 훈련을 받게 된다.

아무리 의사가 훈련으로 만들어진다고 하지만, 의사를 꿈꾸는 이들이라면 당연히 의사가 되기 위해 갖춰야 할 조건이 따로 있는지 궁금할 수 있다. 의사가 되려면 어떤 능력이 필요할까? 미리 공부하면 도움이 될 만한 게 있지는 않을까? 특정 배경이 있다면 의대 진학에 유리하지는 않을까?

결론부터 말하면 아직 학생이라면 '의대에 들어갈 수 있는 성적' 정도만이 필요하지 않을까 싶다. 의사들끼리 서로 많이 이야기하는 전제 중 하나가 "의대를 들어와 졸업할 정도의 지력을 갖춘 사람이라면"이 있다. 그 정도면 어떤 일을 하는

데 충분하다는 거다. 굉장히 뛰어날 필요는 없지만 어느 정도
이상의 지력만 있으면 뭐든 할 수 있다는 뜻이다. 즉 '의사는
만들어지는 존재'란 의미를 내포한다.

의대 입학에 있어 요구하는 성적은 시대에 따라 계속 변한다.
지금 굉장히 높은 편이지만 예전에는 그렇지 않았다. 의대에
가느니 서울대를 간다는 분위기도 있었다. 그렇다 보니 오래
전 의대를 졸업한 필자는 입학에 필요한 정보는 잘 모른다.
입시 정보를 얻기 위해서라면 현직 의사보다는 입시 전문가
나 커뮤니티를 통하는 편이 훨씬 도움이 된다.

다만 명심해야 할 점은 성적은 단순히 의대에 들어가기 위한
하나의 장치일 뿐이다. 이번 장에서는 의사가 되기 위해 성
적 외에 필요한, 혹은 의사에 적합한 품성을 알아보고자 한
다. 의대를 힘들어하는 이들도 있고 적성에 맞아 하는 학생
도 있다. 그 둘의 차이를 어떤 요소들이 만들어 내는지 써 보
겠다.

Q1
의사에게 꼭 필요한 능력은
무엇인가요?

의사에게 꼭 필요한 능력이 있을까? 혹자는 "따뜻한 마음"이라고 말한다. 그러나 모든 의사가 다 임상 영역에 몸담는 것은 아니니 옆으로 잠시 치워두자.

의사에게 가장 필요한 능력은 '과학적인 사고 능력'이다. 앞에서도 강조했지만 현대 의학은 생리학, 생화학, 감염학, 면역학, 유전과학, 조직학 등 과학 영역의 정수를 모아 이뤄진 것이다. 각 영역을 다 잘 알 수는 없어도 적어도 이해하지 못하면 의업을 수행하는 데 큰 어려움을 겪는다. 따라서 의대에는 이과 출신이 절대다수를 이루고, 이미 이공계 4년제 대학을 졸업하고 오는 학생도 적지 않다.

그런데 의과대학을 졸업하려면 과학적 사고는 기본이고 덤으로 엄청난 암기를 해야 한다. 그래서 아이러니하게도 자신들이 좋아했던 과학을 완전히 잊게 되는 경우가 많다. 적지 않은 의대 동기들이 그런 자신을 두고 "바보가 되었다"며 슬퍼하는 모습을 여러 번 봤다. 소중한 의학 지식을 배웠어도 슬픈 마음이 드는 걸 보면, 어지간히도 과학을 좋아하는 친구들이 많은 셈이다.

둘째는 '체력'이다. 체력이 약하면 의사로 살기도 어렵거니와 일단 의대 졸업조차도 어렵다. 의사가 되려면 굉장히 많은 시험을 통과해야 한다. 그런데 어느 하나 쉬운 시험이 없다. 시험 전 매번 밤을 새우다 보면 스트레스 호르몬이 몸을 완전히 지배한다. 필자의 어느 의대 동기는 밤을 새우다 부정맥을 겪기도 했다. 새벽 두 시 갑자기 죽을 것 같은 기분이 들면서 숨을 쉴 수 없다고 했던 아찔한 추억이다. 당시 스물 몇 번째 밤 샘이었으니 부정맥이 올 법도 했다.

수술도 엄청난 체력을 요구한다. 긴 수술은 열 시간을 넘게 하는 경우도 있다. 그런데 집도의는 두 다리로 꼿꼿하게 서서 미동조차 하지 않는다. 외과의들은 잠이 부족한 경우도 많다. 겨우 서너 시간 자고 응급 수술을 들어와도 고도의 집중력으로 수술을 수행한다. 한번은 한 잡지에 어떤 중년 몸짱 외과 의사의 인터뷰를 보고 실소가 터져 나왔다. 그는 인터뷰에서 자신이 운동하는 이유는 수술하기 위함이라고 말했다. 그래서 운동을 하다 보니 그냥 몸이 좋아졌다고 했다.

아울러 '인내력'과 '성실함'이 필요하다. 의사가 되면 인내하고 일해야 하는 순간이 많다. 환자의 생명을 다루며 큰 스트레스를 받아도 참아야 한다. 자기를 믿고 몸을 맡긴 환자를 생각하며 묵묵히 일해야 하는 상황이 자주 있다. 계속 그렇게 살면 심리적, 육체적으로 본인 스스로 견딜 수 있는 한계가 점점 발전한다. 많은 의사들이 고통에 대한 역치가 높은 이유다. 하지만 모든 이가 다 그렇지는 않다. 어떤 이는 견디지 못하고 무너지기도 하며 공들여 쌓은 자신의 모든 이력을 하루 아침에 내던지는 경우도 있다. 안타까운 일이다.

Q2
의사가 되는데
꼭 맞는 성격이 있나요?

결론부터 말하면 어떤 성격을 갖고 있어도 의사를 하는 데는 지장이 없다. 일단 의사가 되면 들어갈 분과들이 많다. 자기 성격에 맞춰 그중 하나를 고르면 된다. 그렇기 때문에 의사가 자기 성격에 맞지 않을까 봐 걱정할 필요는 없다고 생각한다 다만 성적이 나빠 가고 싶은 과를 못 가는 비극도 있다. 따라서 공부를 열심히 해야 한다 .

의대생도 마찬가지다. 의대생은 졸업해 의사가 됨을 제1 목표로 한다. 각자 성격에 따라 공부하는 스타일도 다르다. 그 스타일이 어떻든 시험을 잘 치르면 의사가 될 수 있다. 따라서 의대를 다니는 데도 성격이 큰 영향을 미치지는 않는다. 다만 이기적인 성격은 결국엔 불이익을 받는다. 의대에 입학하면 동기들끼리 6년이라는 시간을 같이 보낸다. 사생활이 없다고 느낄 정도로 같이 붙어 다니게 되는데 이때 서로 간 성격을 완벽하게 파악하게 된다. 이기적인 학생은 결국 전 학교에 소문이 난다. 그런 학생은 의사가 되어도 아무도 같이 일하자고 불러주지 않는다. 결국 출신학교 병원에 남지 못하고, 아무도 자신을 모르는 곳으로 떠나야 하는 경우도 적지 않다.

반대로 모든 동기들과 두루두루 잘 지내는 성격 좋은 사람은 어떨까? 그들에게는 당연히 가산점이 있다. 병원에서는 특히 더 그런 경향이 있다. 과중한 업무와 극한의 책임이 넘쳐나는 곳이라 그렇다. 자기 밑바닥을 다 보여야 하는 공간에서 이타적인 사람은 빛을 발할 수밖에 없다. 신뢰할 수 있고 남에게 일을 떠넘기지 않고 잘 도와주는 동료는 누구나 원한다. 따라서 가끔은 성격이 성적보다 더 중요하게 여겨지기도 한다.

Q3

의사가 되기 위해 학창시절
어떤 경험을 하면 좋을까요?

의사가 되고 싶어 하는 꿈나무들이 많이 하는 질문이다. 그들에게 실망을 안겨줄 생각은 없지만 그래도 "의대 진학을 위해 입시 공부하는 것 말고는 딱히 할 경험은 없습니다"의 정도로 말할 수 있을 것 같다. 의사국가고시를 치는 그 순간까지 의대의 모든 순간은 공부로 꽉꽉 채워져 있다. 명석한 머리를 믿고 공부를 게을리하면 낙제를 면하지 못한다. 의대 공부의 핵심은 방대한 양을 소화하는 과정을 성실히 이행했냐는 것이다. 학생 때부터 공부하는 습관을 들이는 편이 좋다. 공부하는 것이 죽기보다 싫다면 의사가 될 수 없다.

그래도 공부 외 자신의 무기를 하나 준비하고 싶다면 영어 실력을 키우는 것을 추천한다. 영어는 적어도 의학에서 표준어나 마찬가지다. 따라서 영어를 못하는 학생은 큰 핸디캡을 갖는다. 모든 유수의 논문이나 교과서는 다 영어로 되어 있다. 심지어 국내의 논문도 초록은 영어로 써야 한다. 따라서 영어를 편하게 이해하는 사람은 출발점부터 다르다. 영어 사용을 해야만 하는 수많은 작은 순간들을 스트레스로 받을 필요가 없기 때문이다.

가끔 의대 정원에 재외국민 전형이나 외국인 전형으로 선발된 학생들이 있다. 이들을 보면 영어가 주는 장점이 극명히 드러난다. 영어권 출신 학생과 비영어권 출신은 학습능력에서 큰 차이를 보인다. 영어권 출신은 언어 능력 부족으로 수업을 이해하지 못해도 자신만의 방식으로 보완한다. 영어로 된 양질의 자료를 과외 시간에 읽고 나름대로 부족한 학습을 보충하는 것이다.

반면, 비영어권 학생들은 언어와 학습 모두에서 고통을 겪는다. 그들에게는 지식을 습득할 수 있는 모든 언어가 다 외국어다. 우리 말과 영어 그 어느 것도 편하지 않으니 힘들 수밖에 없다. 이들은 의학 공부 이전에 언어 공부부터 해야 하기에 남들보다 서너 배의 노력을 기울여야 하는 고충이 있다.

Q4
유학이 꼭 필요한가요?

우리나라 의과대학 교육은 세계적으로도 인정받는 교육 과정이다. 그렇다고 국내 의사 면허가 국제 면허는 아니지만, 이는 상호주의에서 위배되기 때문이지 결코 교육 과정의 질 낮음을 의미하지는 않는다. 국내에서도 충분히 질 높은 의료 교육을 받을 수 있다.

또 레지던트 과정을 수료하고 전문의가 되는 과정에 유학은 꼭 필요하지 않다. 의과대학 교수가 되면 해외학회 참석 등의 기회가 많이 있으며, 교환교수 등의 프로그램으로 해외를 다녀오는 경우도 많이 있다.

Q5
의사가 되기 위한
나이 제한이 있나요?

의사가 되기 위한 나이 제한은 전혀 없다. 나이가 어리든 많든 고등학교 과정 수료에 준하는 자격을 갖추고 의대에 입학했다면 아무 하자가 없다. 필자도 만학도로서 나이 차이가 크게 나는 동기들과 동고동락하며 배웠다.

다만, 너무 늦은 만학도는 노구를 이끌고 수많은 밤샘을 헤쳐내기 힘들어한다. 병원에 들어가게 되면 모든 의료 스케줄이 팀플레이로 돌아가는데, 어린 동료들의 순발력에 뒤처지면 미안한 마음이 들 수밖에 없다.

전문의가 되려면 의과대학 6년에 수련 4~5년이 필수다. 만학 의학도는 이 모든 과정을 거치면서 꽤 많은 나이가 된다. 이렇게 과정이 길어도 의대에는 여전히 만학도들이 많다. 의사라는 직업은 정년이 없어서다. 체력만 된다면 언제까지든 일할 수 있으니 큰 장점이 아닐 수 없다.

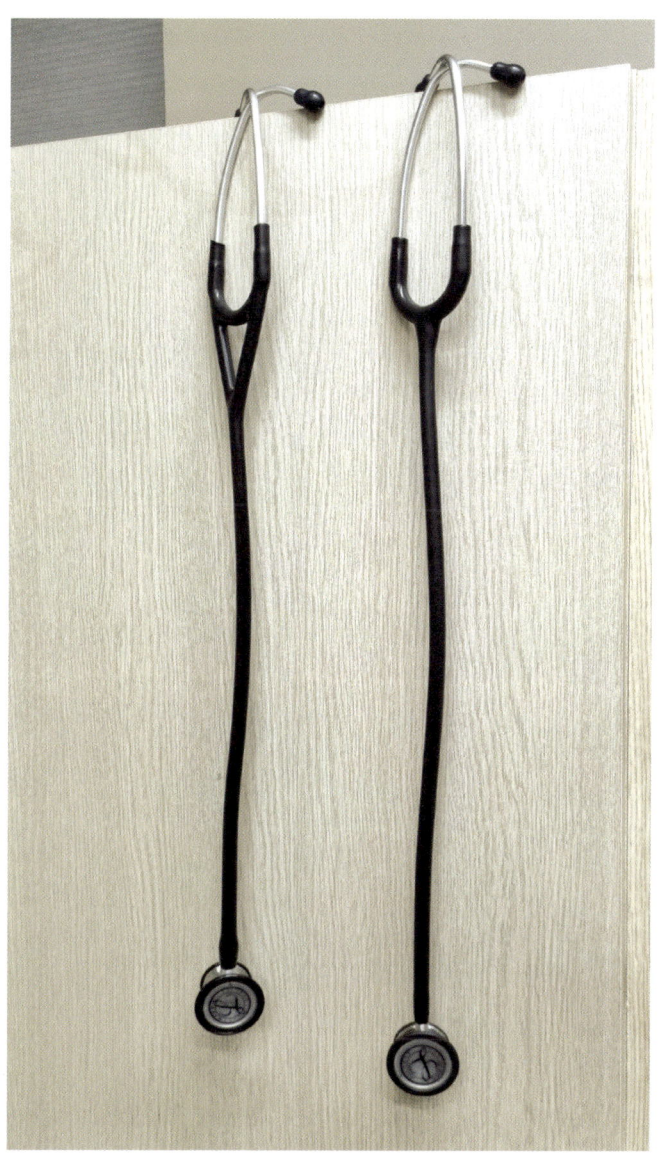

병원
둘러보기

레지던트 마지막 년 차에 병원을 떠나기 전의 이야기다. 밤늦게까지 전문의 시험공부를 하고 있었는데 갑자기 이상한 감상에 빠져 버렸다. 4년 내내 병원 여기저기를 내 집처럼 분주히 뛰어다니며 살았는데 막상 떠난다는 생각을 하니 가슴 한가운데가 허전했다.

그날 새벽 1시쯤 겨울이라 더욱 썰렁한 원내를 혼자 걸었다. 구멍 뚫린 슬리퍼 속 발가락이 춥고 시렸지만, 그저 걷고 싶었다. 걸음의 시작은 수많은 끼니를 채웠던 식당이었다. 임연수가 점심 메뉴로 며칠 내내 연달아 나와 불만을 터뜨렸던 어느 하루가 생각났다. 그래도 7일 중 5일은 맛있게 먹었지 않았나 하는 생각을 하면서 발을 질질 끌었다. 층계를 걸어 올라 평소 가지 않던 곳들도 가보았다. 청소도구함과 주차장도 가보고 환자 대기실에도 앉아 봤다. 수술장 앞 모니터만 바라보는 보호자들 옆에도 있어 보고 보호자 쉼터도 한 번 둘러보았다.

놀랍게도 병원에는 응급실, 병동, 중환자실 외에도 넓은 세계가 존재했다. 의사로서 필요해 다니던 장소 외 세계도 나름대로 의미가 있어 보였다. 의사-환자-병만 존재하는 세상은 아니었다. 환자의 가족들과 복잡다단한 심정들도 여러 공간에 녹아 있었다. 병원은 환자에게 최선의 관심이 쏟아지는 곳이지만, 환자가 있지 않은 다른 장소들에는 많은 배려는 없어 보였다. 조금 더 관심을 가졌으면 좋았을 걸 하는 생각도 잠깐 해보았다.

병동에 올라가니 나이트 턴 간호사들이 인계받은 일들을 모두 마치고 쉬고 있었다. 나를 본 간호사들은 일제히 놀란 눈을 했다. 갑자기 내과 레지던트 4년 차가 나타나니 무슨 응급상황이라도 있나 놀랐을 터였다. 아무 일도 아니라고 눈짓을 하고 혹여나 부담을 줄까 총총 벗어나 버렸다.

병동은 가장 많은 시간을 보낸 장소다. 수많은 환자를 받고 보냈고, 사랑에 빠지기도 화를 내기도 했다. 감정을 최대한 배제하고자 했으나 원체 이런 성격을 버리기란 어려웠다. 병동을 모두 다 돌아보고 싶었으나 그러지 못했다. 간호사들의 일을 방해하는 듯해서였다. 나중에 사람 많을 때 다시 와야겠다는 생각을 하고 발길을 돌렸다.

전국 수천 곳의 병원들, 그 안에서 일하는 수많은 의사들이 모두 이런 경험을 했을 것이다. 이 극단적인 공간에서 환자를 치료하고 지식도 단단히 굳혀야 한다. 참으로 고된 일이다. 혹자는 높은 강도의 감정노동, 육체노동을 하는 자신이 딱하다고 말하기도 한다. 그래도 묵묵하게 일을 한다. 병원에서 살고, 병원에서 죽는 인생이 결국 의사의 운명이 아닐까 싶다.

Q1
우리나라에
얼마나 많은 병원이 있나요?

대한병원협회에 따르면 2021년 11월 기준 우리나라에는 현재 3,222개소의 병원이 있다. 경기 지역에 622개 병원이 있어 가장 많고, 뒤이어 서울 388개, 부산 353개, 경남 284개 순으로 많았다.

병원의 종류로는 종합병원^{병상 100개 이상}, 병원^{병상 30개 이상}, 요양병원, 군병원으로 나뉘는데, 각 332개, 1,507개, 1,363개, 20개의 병원이 있다. 종합병원이 가장 많은 곳은 서울과 경기 지역으로 모두 57개가 있다. 병원과 요양병원, 군병원의 경우 모두 경기 지역이 가장 많았는데 각 285개, 275개, 5개로 집계되었다.

이외 우리가 흔히 말하는 동네 병원은 '1차 병원' 또는 '의원'이라고 한다. 병상이 30개 미만이라면 모두 의원으로 친다. 규모가 작은 만큼 그 수가 엄청 많다. 통계청 자료에 따르면 2017년 기점으로 전국에 30,832개의 의원이 있다.

'2차 병원'도 있다. 흔히 말하는 종합병원이다. 병상이 100개 이상이 진료과목이 적어도 7개_{내과, 외과, 산부인과, 소아과, 마취과, 영상의학}

46

과, 병리과 또는 진단검사의학과, 정신건강의학과, 치과 등 이상, 각 과목당 전문의 1인을 만족한다면 종합병원으로서의 인가가 가능하다.

이보다 규모가 크다면 '3차 병원'이라고 한다. 흔히 말하는 대학병원이고, 의과대학을 가지고 있는 대학병원들은 대개가 3차 병원이지만 반드시 그렇지만도 않다. 3년마다 보건복지부 장관이 정하고, 높은 건강보험수가를 받을 수 있어 경쟁이 매우 치열하다3차 병원이다가 2차 병원으로 강등되는 굴욕을 겪는 병원도 간혹 있다. 진료과목이 최소 9개 이상 되어야 하고 과별로 3년 차 이상의 전공의 레지던트가 있어야 한다가정의학과는 예외적으로 2년 차 이상이면 된다.

3차 병원이 1, 2차 병원과 다른 점은 규모도 있지만, 아무나 진료를 볼 수 없다는 점에서 크게 다르다. 3차 병원은 환자가 원해도 바로 진료를 볼 수 없다. 1차나 2차 병원 의사의 진료 의뢰서 없이는 3차 병원 의사를 만날 수 없다. 환자의 대형병원 쏠림 현상을 막으려는 조치로 볼 수 있겠다.

그렇다면 병원 안에
얼마나 많은 의사가 있나요?

우리가 흔히 아는 대형 대학병원의 경우 1,000명이 넘는 의사가 근무한다. 따라서 서로 누군지 알기도 쉽지 않을 정도로 분야가 세분화되어 있다.

교육 전문신문《베리타스 알파》의 2020년 6월 1일 기사에 따르면, 그해 전체 의사 수가 가장 많은 병원은 서울 아산병원으로 총 1,656명의 의사가 있다. 이어 서울대병원이 1,567명, 삼성서울병원 1,365명, 신촌세브란스병원 1,192명, 가톨릭대 서울성모병원 856명 순으로 모두 병상 수 기준 상위 10위 내의 대형병원들이 의사 수도 많은 것으로 나타났다. 전문의와 전공의수련의는 대략 6:4 또는 5:5 정도로 각 병원이 모두 비슷한 비율을 보였다.

Q3

의사 외 병원에서 일하는 사람은 누가 있나요?

기본적으로 '의사'와 '간호사'가 주축을 이뤄 진료를 이끌어 간다. 진료부와 간호부가 협력하여 외래나 입원실에서 진료가 이뤄진다. 흔히들 의사와 간호사가 상하관계라고 오해하기도 한다. 이는 사실이 아니다. 이런 오해를 살만한 여러 요인이 있기는 하다. 의사가 치료 방침을 결정하여 전달되는 과정은 '오더order: 우리 말로 명령으로 번역된다'라고 한다. 또한 이 오더는 '내린다'라고 하는 하달식 어투로 흔히 사용된다. 그렇다 하더라도 의사는 간호사 없이 환자를 혼자 치료하기 힘들며, 간호사는 의사의 오더 없이 환자를 임의로 치료할 수 없다. 즉 각자의 다른 영역에서 협력한다고 보는 편이 옳다.

또 병원에도 경영자가 있다. 그리고 동네 의원이든 큰 대학병원이든 '병원장'은 언제나 의사다. 이는 의료법으로 규정되어 있다. 의사에게는 남다른 도덕성이 요구되므로 지나친 영리 행위 추구를 막기 위해 만들어 둔 장치다. 비의료인 이사가 존재하기도 하나 병원장은 언제나 의사만이 역임한다. 큰 병원들에서 병원장은 의사들 간 투표로 당선된다. 한 사람이 길게 하는 경우는 거의 없고, 대개는 과별로 돌아가며 병원장을 배출한다.

의료 행위의 중요한 일원인 '의료활동종사자'도 있다. 엑스레이, CT, MRI 등 영상장비들은 훈련된 영상기사들이 전문성을 갖고 다룬다. 방사선학과를 졸업하고 면허를 취득한 전문인력들이다. 또 흔히 패러메딕 Paramedic 이라고 불리는 '응급구조사'도 있다. 이들은 병원 밖에서 빠른 응급처치를 하고 병원에 이송하는 역할을 한다. 역시 응급구조학과를 졸업하거나 응급구조사 양성기관을 수료해야 가능한 직군이다. 원내에서 환자를 이송하는 '이송요원'들도 있다. 누워 움직이지못하는 환자들이 많기 때문에 검사나 치료를 위해 환자를 이송하는 이들의 역할은 매우 중요하다.

병원이라는 큰 조직을 원활히 돌아가게 하려면 덩치 큰 원무과도 필요하다. 업무 강도는 높은 편이며, 병원이란 특수 조직의 집단답게 업무의 전문성을 가진다. 24시간 불 켜진 병원의 생리에 맞춰 밤샘근무를 하기도 해 힘들고, 내원객들을 만나야 하는 일이 많아 감정노동의 정도가 높다. 접수와 수납 모두에서 굉장히 복잡한 업무들이 산재해 있다. 자기 일을 완벽히 숙지하는 데 시간이 걸리지만 이런 과정을 거쳐 갖게 된숙련도로 나름의 전문성을 갖게 된다. 일부 유능한 직원들은이 전문성을 토대로 더 나은 조건으로 타 기관에 이직하기도한다.

Q4
병원에서 진료실 외
일하는 곳이 있나요?

전문의 이상급 교수, 전임의 등이 되면 보통 자기 진료실이 있어 그 곳에서 외래를 본다. 이 외의 시간에는 환자를 응급실, 입원 병동, 중환자실, 수술방, 시술방 등 다양한 진료의 현장에서 만난다. 전공의 인턴, 레지던트 들은 대개 자기 진료실이 없다. 그래서 병원 곳곳에서 자기 과 환자들을 보게 된다.

사실 수술과 의사들은 수술방 이외 다른 곳은 거의 가지 않는다. 대부분의 시간을 수술방에서 보내고 주 업무도 수술이라할 수 있다. 수술과도 과에 따라 수술 이후 머무는 곳이 차이가 있는데, 중증의 환자를 많이 보는 신경외과, 외과, 흉부외과는 중환자실에 오래 머물고, 비뇨기과, 성형외과, 산부인과, 이비인후과 등은 일반 병동이 주된 활동무대다.

비수술과들은 그 과에서 주로 하는 술기가 있는 방에 따라 의사가 가는 곳이 달라진다. 심장내과라면 심장혈관조영실, 피부과라면 피부시술실, 영상의학과는 영상 중재실, 신장내과라면 투석실 등이 되는 셈이다. 이 중 필자가 전공한 내과는 현대 의학의 꽃으로 의학 전반을 넓게 커버하고 있다. 따라서 내과 의사가 되면 수술방을 빼고는 병원 거의 모든 곳을 동분서주할 각오를 해야 한다.

의사의

종류

현대에는 많은 분과에 의사들이 자기 전문영역을 가지고 포진해 있다. 내과, 외과, 산부인과, 소아과, 정신건강의학과, 신경과, 마취통증의학과, 피부과, 비뇨기과, 성형외과, 정형외과, 신경외과, 가정의학과 등 과가 너무 많으니 환자들이 어느 과를 가야 할지 잘 모르는 상황까지도 벌어진다.

사실 이렇게 분과 전문의가 많은 현상은 특히 우리나라에서 두드러진다. 따로 전문분야가 없는 의사를 '일반의(General practitioner)'라고 하는데, 선진국에선 일반의의 비율이 우리보다 월등히 높다. 복지부에 따르면 2018년 기준 면허 의사 대비 전문의 비율은 79%나 된다. 우리나라 전문의가 많은 이유가 딱히 밝혀져 있지는 않다. 한국 사회 전반적으로 경쟁이 치열한 특성이 이런 상황을 빚어내었을 가능성이 일단 높아 보인다. 게다가 공공기관 채용률이 높지 않고 민간의료 의존도가 높은 한국 의료다. 그러다 보니 많은 의사들은 개원을 생각하고 전문의가 되기 위한 수련을 받게 된다. 모두가 스펙으로 경쟁하니 전문의는 기본으로 갖고 가는 경향이 생긴다.

모든 의사가 전문의면 좋은 점이 더 많지만 가끔 환자들은 혼란스럽기도 하다. 자기 문제를 어디에서 해결해야 할지 모르는 경우가 많기 때문이다. 이때 어떤 분과진료를 보는 게 좋을지 교통정리를 해주는 역할을 하는 분과가 있다. 내과, 가정의학과, 응급의학과 의사들이다. 사실 이 세 과는 이름만 다르지 크게는 모두 내과라고 말할 수 있다.

내과라는 분과는 현대 의학의 새로운 분과 개념이다. 과학의 발전에 빚진 완전히 새로운 의학이다. 서양의 전통 의학에는 내과가 없었다. 의학의 역사를 말할 때 서양에서는 이발사가 수술도 같이했다는 기록도 있다. 하지만 이 시기의 의학은 현대 의학과는 아무런 관련이 없다.

현대 의학은 과학을 의학의 영역으로 가져왔다. 인류가 분자 레벨까지 탐구하게 되면서 단순히 째고 봉합하던 외과 일로의 의학을 극복하고 '내과'를 창조해 낸 것이다. 외과는 수술하는 과를 말하고, 내과는 수술하지 않는 과를 말한다. 이 내과 발전의 과정에 그 유명한 항생제의 발견, 인슐린의 발견, DNA 구조의 발견 등이 있다. 근본적인 병태생리를 알게 되었으니 약을 만들 수 있고, 결과만 좋다면 침습적인 수술보다는 당연히 비수술적 치료가 나으니 내과가 외과의 영역을 가져왔다.

그런데 내과, 외과 외의 과들은 무엇일까? 병원에 가보면 흉부외과, 산부인과, 이비인후과, 신경과, 신경외과, 피부과 등 많은 분과가 있다. 사실 이 각 과들이 따로 되어 있다기보다는 원래는 모두 외과의 분야였다. 신체 부위별 수술이 특화되니 부위별 수술과가 생기고, 내과 역시 현대 의학이 발전하며 분과로 나뉘었다. 영역은 점점 너무 방대해지고 분과별 전문성이 강조되고 하다 보니 과가 나뉘는 현상은 필연적이었다.

현대 의학의 분과들은 대개 장기별로 나뉘게 된다. 장기별로도 약을 쓰는 영역이 전문적이라고 본다면 내과가 따로 있는 경우도 있다. 이렇게 생각하면 분류가 쉽다. 거칠게 분류해 '장기'는 내과 · 외과라면 '피부'는 피부과 · 성형외과, '신경'은 신경과 · 신경외과. '심장'은 심장내과 · 흉부외과, '복부'는 소화기내과 · 일반외과 이런 식으로 보면 쉽다.

외과적으로 수술하며 내과 부분까지 같이 해결하는 과들은 따로 내과가 분리해 있지 않다. 그러므로 다음의 과들은 장기별 외과라고 보면 된다. '비뇨기계'는 비뇨기과, '여성생식기관'은 산부인과, '눈'은 안과, '두경부'는 이비인후과, '팔 · 다리'는 정형외과 등이다.

방법론에 따라 다른 분과도 있다. 재활의학과, 정신건강의학과 등은 분과별 접근법이 타 과와는 완전히 다른 양상을 보인다. 두통으로 병원을 갔는데 뇌암이면 수술로 두개골 여는 신경외과가 해결, 뇌수막염으로 항생제를 써야 하면 신경과 이렇게 분담을 한다. 물론 명확히 분담하는 게 어렵고 겹치는 병의 영역도 많다. 그럴 때마다 전과할 수 없으므로 환자를 본 과에서 진료한다(필자가 근무한 병원에는 뇌졸중을 신경외과, 신경과 모두에서 번갈아 당직을 서가며 봤었다).

환자 입장에서는 처음에는 무슨 과를 가야 하고, 수술해야 하는지에 대한 여부를 알기는 어렵지 않나 하는 의문이 들 수 있다. 그럴 때는 먼저 내과 계열을 가는 것이 좋다. 의사는 수술이 필요한 경우에는 즉시 외과로 전과할 것이다. 윤리적으로도 그렇고, 의사 본인이 해결할 수 없는 환자를 내과적으로 해결하겠다고 고군분투할 이유도 없다. 크게 고민하지 말고 잘 모를 때는 내과 계열 의사를 찾으면 되겠다.

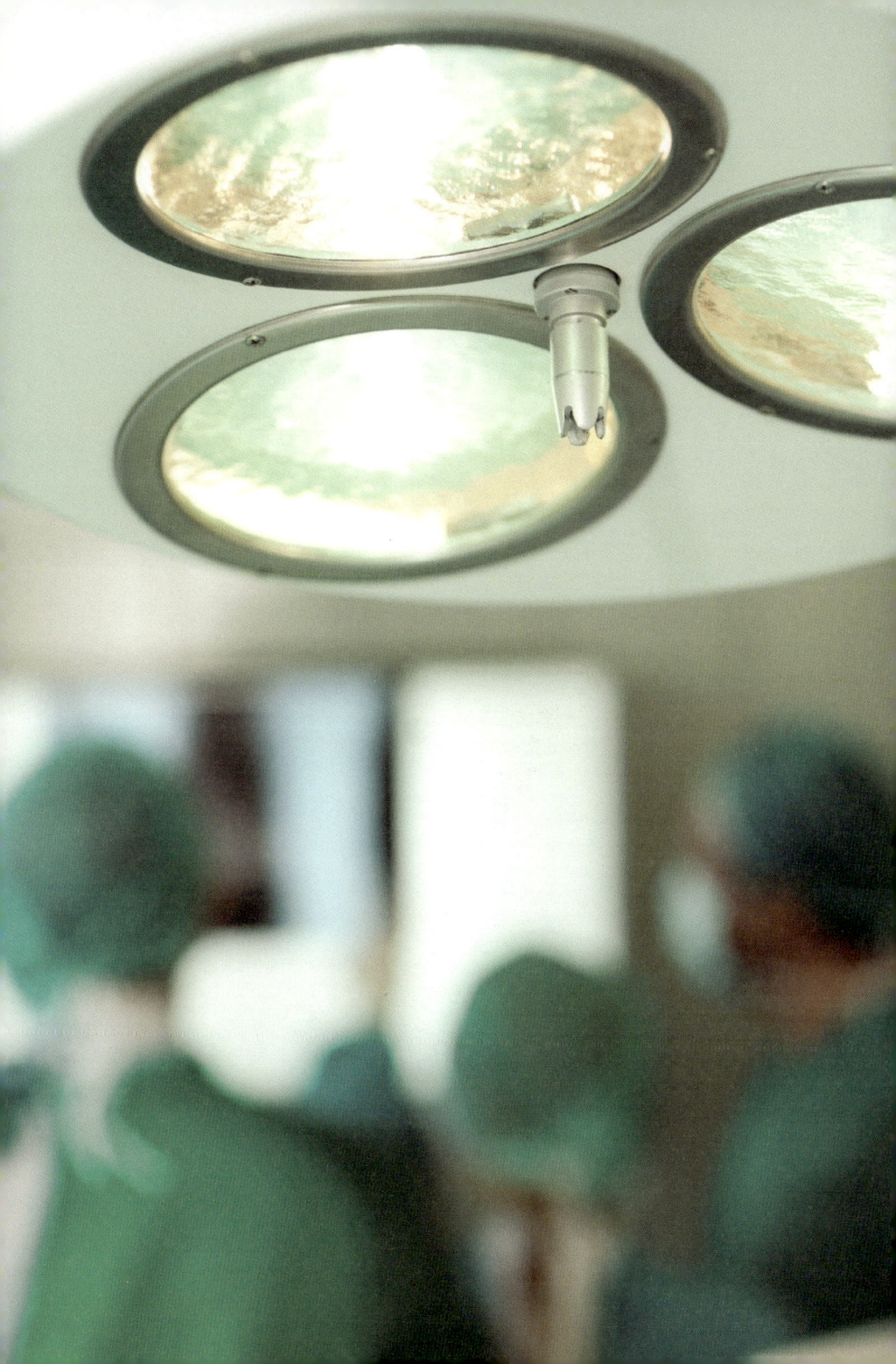

I am a doctor

Part 2 의사의 자격

1 하얀 가운을 입기 위한 도전

의사와 대화를 하다가 '의사 자격증'을 언급하면 그는 당신의 말을 잠시 멈출 것이다. "실례합니다만" 운을 떼우고 "자격증이 아니고 면허증입니다"라고 지적할지도 모른다. 의사들은 자기들이 면허 소유자임에 큰 자부심을 가지고 있다. 자격증은 특정 교육 과정 등을 이수하면 주어진다. 영어로는 'Certification'이라고 한다. 바리스타 자격증이라든가 OO 관리사 자격증, XX 지원사 자격증 등 예는 수도 없이 많다. 아마도 위 의사는 "Certification이 아니라 License에요"라고 할지도 모르겠다.

'License'는 영화 〈007 살인면허 Liscensed to kill 〉의 그 면허다. 라이센스, 즉 면허 免許는 특정한 일을 할 수 있도록 독점적 자격을 행정기관이 허가한 상태를 말한다. 의사의 면허는 사람을 살리는 면허니 007의 그것과는 완전히 반대이다. 신체를 진찰하고, 약을 처방하며 신체에 칼을 대는 정도의 일은 고도의 전문적 의료행위다. 하나밖에 없는 신체의 변화를 일으킬 가능성이 높기 때문이다. 이런 면허가 가능해진 데에는 환자의 건강을 위해 하는 행위라는 전제가 깔려있다. 아무나 할 수 있게 하기엔 큰 위험이 따르고 많은 도덕성이 요구된다. 따라서 사람들은 의사에게 큰 도덕적 잣대를 기대하는 경향이 있다. 당연한 일일 수밖에 없다.

이처럼 의사들의 자부심에는 이유가 있다. 의대를 들어가 6년간 공부하느라 갖은 고생을 하고, 대개는 5년간 잠도 못 자며 전공의를 한다. 아무리 적어도 11년의 수련이다. 긴 시간 직업의 의미를 찾기 위해 노력했기에 당연한 감정이다. 당연하게도 의사들은 같이 고생한 동료 의사들 간에 큰 동질감을 공유한다.

최근 의과대학을 졸업하지 않은 의료인에게 현대 의학의 범주에 들어가는 의료행위를 허가할지 말지에 대한 논란이 있었다. 의사들의 항변은 언제나 "자격을 갖춰라"였다. 의대에서 6년간 교육받지 않은 의사는 인정하기 어렵다는 것이다. 그래서 의대를 졸업해 면허 취득까지 완주하는 것이 하얀 가운을 입기 위한 가장 최소의 자격 조건이라고 할 수 있다.

Q1
의사가 되려면
의과대학에 꼭 들어가야 하나요?

의사가 되기 위한 조건에 의과대학 과정을 거치는 것은 굉장히 중요하다. 적정한 스텝을 밟아야만 제대로 된 의사임을 인정하는 것이고, 이 기준은 국제적으로 매우 유사하다. 세계 어디서든 의사고시보다도 이 과정이 더 중요하게 생각되는 경향이 있다. 심지어 싱가포르에서는 의사고시가 아예 존재하지 않는다. 싱가포르 의과대학 교육 과정과 유사하여 인정할 수 있는 의대 한국의 경우는 2021년 현재 서울대, 연세대를 인정하고 있다를 졸업했다면 싱가포르 의사가 될 수 있다. 극단적인 예지만, 서울대 의대 출신이 한국 의사국가고시에 떨어졌다 하더라도, 졸업하는 데 성공했다면 싱가포르에서 의사를 할 수 있다. 물론 그런 학생이 흔하지는 않겠지만 말이다.

따라서 의사가 되려면 반드시 의과대학에 들어가야 하는 건 당연한 이야기다. 의과대학은 보통 예과 2년, 본과 의학과 4년으로 이뤄져 적어도 총 6년을 학생으로 보내야 한다. 보통 예과를 들어간 학생들은 대부분 본과로 진입하므로, 의과대학 입시에서 '의예과'라는 과로 입학하게 된다. 이렇게 둘로 나뉘어 있는 이유는 앞에서 말한 의학의 과학적 성격을 학생이 충분히 이해하도록 하기 위해서다. 예과 2년 과정에서는 모두가 일반대학에서 배우는 과학을 배운다. 이때는 본격적인 의학을 배우는 게 아니라 의학의 기초가 되는 학문을 배우는 셈이다.

필자가 다녔던 의과대학 기준으로는 일반화학, 일반생물학, 유기화학, 유전학, 분자생물학 등이 있었다. 상기 과목들은 모두 4년제 대학의 자연과학대학 과목들이다. 우리나라의 의과대학 시스템에서는 위 과목들을 정직하게 다 탐구하지 않고, 의과대학에 걸맞은 커리큘럼으로 의학에 적용할 수 있는 방향으로 가르친다. 과학 과목들이지만 교수진이 의사인 경우도 적지 않고, 의예과 학생들만 수강할 수 있도록 재편되어 있다. 다른 말로 하면 '의사가 되기 위해 적합한 과학교육'을 하는 셈이다. 국어, 수학 등 교양과목도 있지만 그다지 중요하게 다뤄지지 않는다.

이러한 이유로 의예과는 타 학부 친구들과 같이 수업을 듣는 경우가 적다. 전국의 의과대학이 타과와 캠퍼스가 분리되어 있는 경우도 허다하다. 심지어는 캠퍼스가 같아도 같이 수업을 듣지 못하게 막아두기도 한다. 의대 학생들이 일반대 학생들과 쉽사리 섞이지 못하고 고유의 문화를 형성하는 데에는 이런 학제 시스템도 많이 기여했다.

덧붙여 의대는 전국 어디나 동아리 문화가 굉장히 강하다. 동아리에서 공부도 가르치고 시험 팁과 노트 필기도 전수하기 때문에 대부분 학생들이 동아리에 가입한다. 그리고 대학 어디나 그렇듯 동아리 선배들은 파릇파릇한 신입생 확보에 관심이 많다. 예과 학생들은 어차피 2년 예과 마치고 본과에 가면 선배들 도움받을 일이 많다. 따라서 예과생들은 일반대와 캠퍼스를 같이 쓴다 하더라도 동아리는 의대 동아리로 가입하게 된다.

이 점이 우리나라의 특이한 의과대학 학제이다. 한 마디로 6년제 대학교로 이뤄진 셈이고, 이를 졸업하면 의사고시를 볼 수 있는 '의학사' 자격이 생긴다. 다른 나라도 의사고시가 대부분 있고, 시험을 위한 자격이 있는데 이름은 다 다르지만 대개 'M.D.Medical Doctor'라고 한다유명한 미국 의학 드라마 '닥터 하우스'의 원제는 'House M.D.'이다. 이 M.D.가 우리나라는 학사라는 것을 주목해 보자. 의사가 되기 위한 최소 조건이 우리나라는 의대이다.

한편, 다른 나라는 대학원까지인 경우가 많다. 미국 등에서는 의사가 되기 위해서는 4년제 대학 학위 4년과 의학전문대학원 4년, 총 8년을 마쳐야만 가능하다. 우리나라도 기초의학자를 양성한다며 4년+4년의 학제로 개편하고 의과대학을 의학전문대학원으로 바꾸려는 시도가 있었다. 2005년 참여정부 때로 로스쿨 제도가 거의 같은 시기에 시작됐다. 인기 없는 기초의학 분야를 키우겠다는 명분이었다. 하지만 제도 정착이 쉽지 않았다. 의대 교수들의 반발이 있었고, 의과학 전공자 부족은 전혀 해결되지 않았다. 또 4년제를 다 마치고 온 남학생들은 대부분 군필이어서 군의관이나 공보의가 턱없이 부족해졌다. 의도는 좋았지만 한국과는 현실이 맞지 않았던 것이다. 결국, 지금 전국의 의학전문대학원은 의과대학으로 대부분 돌아간 상태이다.

Q2
의과대학에서는
무엇을 배우나요?

예과 2년을 마치고 본과에 진입하게 되면 본격적인 의학 공부를 하게 된다. 학교별로 다르지만 대체로 1학년에는 기초의학, 2학년에는 임상의학, 3학년에는 임상실습을 한다. 4학년에는 소위 '마이너 과목'을 배우고 임상실습을 한다. 2학기가 되면 10월부터 의사국가고시가 시작되고, 대부분 의사고시 공부에 전념한다.

본과 1학년에 배우는 '기초의학'에는 해부학, 조직학, 생리학, 생화학, 발생학, 신경해부학, 신경생리학, 병리학, 미생물학, 기초면역학, 약리학 등이 있다. 이때 배우는 과목은 말 그대로 실제 병을 고치는 데 필요한 과학적 기초가 적용된 학문이다. 이 기초과목들은 국가고시에서 따로 평가하지는 않는다. 해외 의사고시에는 따로 시험을 보는 경우도 있다.

본과 2학년 때 배우는 임상의학은 그야말로 의학의 정수다. 내과, 외과, 소아과, 산부인과 등 살고 죽는 문제를 다루는 중요한 임상 과목이다. 이들은 '메이저 과목'이라는 별명을 갖고 있는데, 2학년에 위 임상 과목 모두를 배운다. 최근 많은 의과대학에서 채택한 방식은 '블럭 강의'인데 일반 대학처럼 학기제로 되어 있지 않고 일주일 동안 한 장기만 집중해서 공부한다. 폐를 예로 들어보자. 대개는 호흡기 내과 수업으로 이루어져 있지만, 가끔 영상의학과 교수님이 흉부 엑스레이 판독을 가르치기도 하고, 병리학과 교수님이 폐 생검 결과도 들고 온다. 흉부외과 교수님이 흉관 삽관의 실례도 보여준다. 이렇게 한 주 블럭 강의를 끝내면 바로 시험을 본다. 이런 식으로 메이저 과목 전체로 1년을 보낸다.

본과 3학년에는 메이저 과목의 실습을 돈다. 임상실습이라 부르고 PK Poliklinik, 여러 분과라는 뜻 라고도 한다. 본과 3학년이 되면 처음으로 병원이라는 임상의 장에 출입하게 되기 때문에 의사의 상징처럼 여겨지는 흰 가운을 입게 된다. 그냥 입기는 허전하니 '착복식'이라는 의식을 거행하기도 한다. 착복식을 하면 후배 의대생들로부터 많은 축하를 받고 벌써 의사가 된 것 같은 기분에 우쭐해지기도 한다. 이때는 내과, 외과, 산부인과, 소아과 같은 굵직하고 중요한 과들의 임상실습을 주로 한다. 이 과들을 메이저 과라고 한다. 연말이 되면 이때 실습한 것을 토대로 전부 모아 시험을 치르는 학교가 많다. 필자가 졸업한 학교는 거의 한 달 동안 15회 이상 시험을 치르는 시스템이었다. 학생들은 '메이저 리그'라고 부르는 기간으로, 잠도 거의 못 자는 그야말로 삶이 피폐해지는 시간이었다. 젊었으니까 버틸 수 있었지 싶다. 인생에서 가장 힘든 시간 중하나였다.

본과 2학년 또는 3학년 때 PBL Problem based learning 이라는 학생주도적 수업을 하는 학교도 있다. 강해가 따로 없고 질문만 던

겨주고 학생들끼리 토론하고 책도 찾아보면서 답을 내는 수
업이다. 물론 교수가 참관하고, 토론이 잘못된 방향으로 나가
면 한 번씩 잡아주는 역할을 한다. 이 PBL의 교육 효과에 대
해서는 논란이 있으나 많은 학교에서 채택하여 현재 시행 중
이다.

본과 4학년이 되면 죽고 사는 문제는 아니지만 의학의 분과
로 나뉘어 있는 과들을 배우고 또 실습을 돈다. 피부과, 성형
외과, 신경과, 신경외과, 안과 등이다. 실습이 다 끝나면 당연
히 또 총평가의 시간이 있다. 위 과들은 '메이저 과'에 비견하
여 '마이너 과'라고 한다. 그래서 총평가 시험 기간을 필자의

모교에서는 '마이너 리그'라고 불렀다.

몇 주간 시험 기간이 끝나면 수업도 없고 국가고시를 준비할 시간이 주어진다. 의사국가고시에는 실습시험도 있는데, 10월부터 12월까지 치르므로 각자 실습시험을 준비하는 기간이 달라진다. 언제 치를지는 추첨 방식도 있고, 실습 모의고사 성적이 좋은 학생들을 앞으로 몰아넣기도 한다. 10월에 일찍 치르는 학생들은 다음 해 1월에 치르는 필기고사까지 시간이 많다. 필자는 12월에 치렀었는데절대 성적이 나빠서가 아니라 추첨이었다! 필기고사까지 남은 시간이 적어 굉장히 마음고생을 했던 기억이 있다.

실습시험은 모의환자를 보는 시험인 CPXClinical performance exam 와 술기 능력을 평가하는 OSCEObjective structured clinical exam 가 있다. 실습시험이 끝나면 필기 준비를 할 때까지 몇 달간 시간이 남는데, 큰 시험을 치른 직후라 의대생들이 공부하기 굉장히 싫은 기간이라고 한다. 이 공부하기 싫은 기분을 의대생들은 장난삼아 PCOSPost CPX-OSCE syndrome, 후 CPX-OSCE 증후군이라는 뜻이라고 부른다. PCOSPolycystic ovary syndrome, 다낭성 난소증후군이라는 산부인과 질환과 앞글자와 동일한 의대생식 유머다.

Q3
의대에서 배우는 공부의 양이
정말 많나요?

의대에서 배우는 공부의 양은 굉장히 많기로 유명하다. 어떤 인터넷 인기 게시물로 필기가 **빽빽한** 의대생의 노트를 본 적이 있다. 댓글을 보면 감탄하는 반응이 많았다. 그런데 사실 그 정도의 필기는 의대생이 공부하는 양의 새 발의 피다. 과목의 수부터 엄청 많고, 그 과목 하나하나가 놓쳐서는 안 되는 의미 있는 공부들이다.

필자는 의대 입학 전 다른 대학도 다녔었다. 일반 4년제 대학을 졸업하고 의대에 다시 입학했다. 일반 대학을 다닐 때와 의대에서 공부한 양을 비교하면 체감상 순수하게 30배 이상은 되는 것 같다. 일반 대학을 무시하는 게 아니라 시간을 보내야 하는 정도가 다를 수밖에 없다. 일반 대학 교육의 목표가 뭘까? 전공 지식을 탑재하고 교양을 가르치는 목표도 물론 있다. 하지만 결국 개인의 진로는 자율적으로 자신이 어떤 사람인지 알아가며 그 자리를 찾아가도록 안내한다. 본인에게 주어진 많은 시간을 안배해 자기 미래를 정해가는 길이다. 하지만 의과대학은 다르다. 의과대학은 의사를 양성하는 기관이고, 의사 면허를 딸 수 있게 해야 한다. 의사로서 큰 실수를 할 수 있는 학생은 졸업시키면 안 된다. 따라서 의사로서 기초 소양을 갖추게 해야 하고, 따라서 유급이라는 시스템이 필수적이다.

학교마다 유급을 시키는 비율은 좀 다르다. 적게는 없기도 하고, 동급생의 표준편차 성적에서 너무 동떨어져 있는 학생들은 유급하게 된다. 가끔은 학교 차원에서 국가고시 합격률이 너무 떨어진다는 불명예를 피하기 위해 유급률을 높이기도 한다. 유급생들은 입학 동기를 선배로 보내고, 후배와 동기가 된다. 여러 번 유급하면 후배가 선배 되기도 하는 소위 '족보 꼬이는' 상황도 벌어진다. 그래서 유급을 많이 하면 유대감도 떨어지고, 학교생활이 점점 더 어려워지는 악순환의 고리를 밟을 수밖에 없다.

의대생들은 공부할 때 두꺼운 영어 원서를 끼고 하지 않는다. 물론 그런 우수한 학생들도 있지만 적어도 시험을 앞두고 그렇게 하는 학생은 드물다. 대개는 '족보'라는 기출 문제를 기본으로 공부한다. 모두가 선배들이 지난해 시험 문제를 기억해 나온 족보에 해설을 달아 만든 문제집이 중심이다. 일부 학교에서는 '야마'라고 칭한다. 어원은 잘 알려져 있지 않으나, 필자가 듣기로는 'You Are My Assistant 당신은 나의 조력자'를 줄여 'YAMA'라고 한다고 한다. 물론 여기서 '당신'은 선배를 말한다. 일반적으로 시험 문제를 유출하면 범죄로 여겨진다. 그런데 의대에서는 심지어 교수도 기출 문제의 존재를 공공연히 알고 간섭하지 않는다. 심지어 열정적인 일부 교수들은 학생 족보의 해설을 따로 고쳐주기도 한다. 이런 특이한 현상은 어차피 족보에 나오는 문제들이 의학에서 반드시 알아야 하는 상식들이기 때문이다. 즉 이 상식을 모르고는 의사가 될 수 없다는 믿음에 기초한다고 볼 수 있다.

족보만 보면 쉽게 의사가 될 수 있을 것 같지만 꼭 그렇지도 않다. 족보의 양만 하더라도 어마어마하기 때문이다. 의대 1학년부터 졸업 때까지 본 족보 종이를 쌓아 두고, 높이가 머리까지 오게 되면 졸업할 때가 된다는 우스갯소리가 있다. 그만큼 의대 공부의 양은 상상을 초월한다. 이 모든 과정을 겪게 되면 웬만한 시험에는 자신감이 생길 수밖에 없다. 의대 과정을 끝마친 일부 총명한 학생들은 그 어렵다는 고시 공부를 처음부터 시작해서 금방 합격하기도 한다. 사실 그다지 놀라운 일은 아니다. 그들은 원래 똑똑하기도 하겠지만, 의대 공부의 혹독함을 겪었기에 남들보다 더 수월하지 않을까 생각해 본다.

Q4
해부학 실습이
무섭지 않나요?

비의료인들이 의대에 대한 비화 중 특히 해부학 실습에 관한
이야기가 많다. 남의 죽은 몸을 바라볼 경험이 많지는 않을
테고, 거기 칼을 댈 일은 더더욱 없기 때문일 것이다.

공포 영화에서 해부학 수업에서 귀신을 엮는 소재도 봤다. 그
야말로 판타지다. 현실에 있을 법한 판타지도 있다. 어떤 소설
에서는 젊고 예쁜 여자가 해부학 실습대상으로 들어온다. 미
모에 눈을 빼앗긴 의대생은 '어떻게 이렇게 예쁜 여자의 시체
에 칼을 댈 수 있지'라는 생각에 안절부절한다. 조교는 그 모
습을 보고는 당장에 메스를 꺼내 시신의 코를 댕강 잘라버린
다. "너를 위해 시신을 기증한 이 분의 정신을 헛되게 하지 말
라"라는 말과 함께 말이다.

위 상황은 완전한 판타지다. 일단 모든 시신은 얼굴을 알아볼
수 없을 정도가 되어 실습실로 들어오기 때문이다. 시신들은
전신 혈액이 포르말린으로 대체되고 방부처리까지 된 상태
이다. 그냥 담근 게 아니라 양압으로 밀어 넣어서인지 얼굴과
몸이 붓는다. 색은 지나치게 하얗거나 푸르죽죽하다. 보면서
위 같은 감정을 갖기에는 다소 이질감이 있다.

그렇게까지 무섭지도 않다. 학생들은 조를 이뤄 같이 있고, 공포 영화에서와는 달리 실습 시 형광등을 환하게 켜두고 있기 때문이다. 학생들을 힘들게 하는 게 있다면 공포심 같은 감정이 아니다. 독한 포르말린 냄새를 참고 하루 종일 이어지는 수업과 실습의 강행군을 버티면서 공포감 같은 사치스런 감정은 쉽사리 생기지 않는다. 많은 경우 자정이 넘어 실습이 끝나고 다음 날 아침 일찍부터 수업을 시작하니 그야말로 본과 1학년 중 최고 힘든 시기라고 할 수 있다.

해부학을 두려워하지 않는 또 다른 이유가 있다. 실습을 앞두고 학생들은 학기 시작 전 이미 많은 준비를 한다. 선배들이 방학 동안 뼈 전반에 대한 골학骨學, Osteology 을 가르친다. 합숙하면서 전신의 뼈를 배우고 나면 바로 학기가 시작한다. 방학기간 배운 뼈에 붙는 근육과 장기들을 해부하면서 제대로 해부학 공부가 시작된다. 그 양이 너무 많아서 첫 학기가 끝나고 나면 몸과 마음이 피폐해진다.

Q5

언제 진료 분야를
정하나요?

의대를 졸업하면 의사들은 모든 의학 분야의 진료를 할 수 있다. 미약하게나마 의대에서 모든 과목을 배우기 때문이다. 다른 말로 하면 전문의가 의사의 필수 조건은 아니다. 다만 실제로 그렇게 하는 의사는 거의 없고 대개는 수련을 받고 전문의를 취득한다. 전문의에 대한 국민적 요구에 의사들이 따랐다고 볼 수 있다.

이 진료 분야를 정하는 시간은 전공의 때 이뤄진다. 의대를 졸업하고 인턴, 레지던트를 하는 기간을 전공의 수련 기간이라고 하는데, 인턴은 병원의 모든 필수 과를 돌면서 수련을 받고, 레지던트가 될 때 진료 분야를 확정하게 된다. 많은 의대생들이 좋은 분과를 전공하기 위해 모교 부속병원에 남는 경우가 많다. 인턴을 돌며 본인이 업무평가에서 좋은 점수를 받게 되면 원하는 과의 레지던트에 합격할 확률이 높아지기 때문이다.

의사국가고시 성적과 의대 내신 성적도 중요하다. 하지만 항상 성적으로 결정되지는 않는다. 전공의들이 병원의 환자들을 책임지고 일선에서 돌보기 때문에, 결국 업무에 적합하지 않은 의사는 합격하기 어렵다. 따라서 많은 경우 면접이 가장 중요하게 여겨진다. 면접에 영향을 미치는 요소는 항간의 지원자에 대한 과거 평가나, 인턴을 하면서 지켜본 현재 레지던트의 의견 정도다. 하지만 이 모든 것들과는 별개로 교수 차원에서 지원자를 뽑겠다는 의지가 있다면 면접에서 높은 점수를 받고 합격하기도 한다.

평소 알고 지내던 선배들과 모교 병원에서 수련 받기를 원하는 지원자들은 의대 시절부터 자기 능력을 호소하기도 한다. 동아리 같은 과외활동을 하면서 또는 임상실습을 할 때 지원 의사를 내보이기도 한다. "저는 XX과를 전공하며 교수님께 배우고 싶습니다!"라고 당차게 말하는 학생들도 적지 않다.

Q6
중간에 진료 분야를
변경할 수도 있나요?

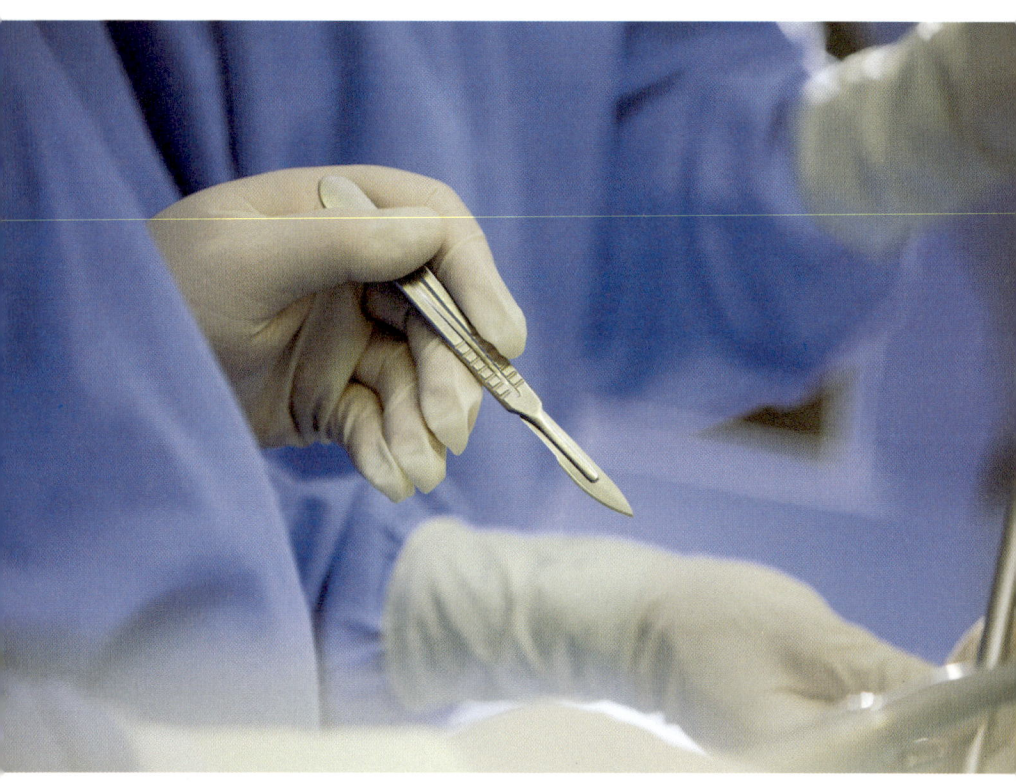

많은 레지던트 수련자들이 "저는 이 과가 맞지 않습니다"라며 중도 포기를 한다. 보통은 힘든 업무 때문이다. 포기자가나오면 안 그래도 힘든 동료 레지던트들의 업무가 더욱 가중되므로 의국에서는 어떻게든 퇴사를 막으려고 한다. 그럼에도 나갈 경우 의국은 남은 인원들로 꾸려가야 하고, 다른 레지던트들도 퇴사할 가능성이 높아지는 악순환이 형성된다.

이렇게 해서 인원이 빠지기도 하고 모자란 인원을 채우려고하기도 하는 구직 시장이 형성된다. 말의 오해가 있을까 하여첨언 하자면 타과로 진료 분야를 변경할 때 기존 경력을 인정받지는 못한다. 내과 3년 차까지 했더라도 외과를 가면 1년차부터 다시 시작해야 한다. 다만 이런 이들은 중도 포기한경력이 단점으로 작용하기도 한다. 한 번 포기했는데 또 포기하지는 않을까 하는 우려인 셈이다.

과 하나를 잘 알고 나면 다른 과에서 근무하는 데 도움이 되기도 한다. 내가 아는 어느 흉부외과 전공의 중도포기자는 기존 수련 경험이 새로 내과 수련을 할 때 장점으로 작용했다고한다. 흉부의 해부학을 잘 알고 있으니 심장내과를 잘 이해할수 있었고, 때로는 응급상황에서 바로 흉관도 넣었다고 했다.또 필자가 목격한 경우는 어떤 내과 전문의 출신의 신경과 레지던트였다. 그는 수련을 받을 때 모든 내과적 응급을 협진없이 해결했었다. 비록 시간이 오래 걸리지만 여러 분과를 전공하는 경험이 시간 낭비만은 아닌 듯하다.

의과대학 졸업 후 의학전문대학원에 꼭 들어가야 하나요?

의사국가고시에 합격하면 의사 면허를 획득하고 의사가 되어 의업을 행할 수 있다. 국가고시를 볼 수 있는 조건으로 가져 야 할 학위는 2021년 기준 두 개로 둘 중 하나를 갖고 있으면 된다. 의과대학을 졸업하고 의학사를 취득하거나, 의학전문 대학원줄여서 의전원을 졸업하고 의무석사를 받으면 된다. 즉 흔 히들 하는 질문이지만 잘못된 물음이다. 의과대학을 졸업하 고 의전원에 들어가는 사람은 없다.

의과대학 졸업 후 의학대학원에 입학하는 사람들은 적잖이 있다. 이들이 받는 석사학위의 이름은 '의학석사'다. 이 의학 석사는 6년 예과와 본과를 보내고 취득한 의학사의 상위에 있지만, 의무석사는 그렇지 않다. 의전원은 참여정부 시절에 생겨 긴 기간 그 명맥을 유지했다. 타 학부를 졸업하고 의전 원 4년을 마치면 의사가 될 수 있는 4년+4년 학제다. 처음 생 길 때는 비인기과이지만 중요한 기초의학을 살리기 위한다는 명목으로 시작된 정책이었으나 졸업생 중 기초의학을 전공하 려는 학생은 거의 없었다. 게다가 우리나라는 징병제로 의대 졸업 남학생 다수가 군의관 또는 공보의로 군역을 하는데, 의 전원 졸업생들은 이미 대부분 군 복무를 치르고 온 상태여서 그 역할을 하기 어려웠다. 의학교육자들은 정책의 실패라는 점을 인정할 수밖에 없었다. 결국 지금은 대부분 다시 의대 시스템으로 돌아왔다. 현재는 거의 남아 있지 않다.

의학대학원의 역할은 무엇일까? 의학대학원에서 석사, 박사를 공부하는 이들은 각자 다른 목적을 갖고 입학한다. 공부를 좋아해서 비싼 학비를 내고 공부하는 경우도 있고 명예 때문에 하기도 한다. 하지만 역시 많은 경우 교수가 되기 위해 연구하는 경우가 가장 많다. 필자의 경우 레지던트 수련을 지원하는 과정에서 의국 차원에서 대학원 학비를 지원해준다는 말을 들은 적도 있다. 그러나 딱히 '박사님' 소리를 듣고 싶은 명예욕도 없고 연구에 큰 뜻이 없었기에 매력을 느끼지 못해 고려하지 않았다. 그러므로 대학원에 반드시 들어갈 이유는 없다고 할 수 있다.

Q8
의사가 되기 위해
갖춰야 할 자질은 무엇인가요?

의사라는 직업은 개인플레이가 중요하기도 하지만 때에 따라 '팀워크'도 중요한 특이한 성격을 지녔다. 환자를 독대할 때는 자기가 얼마나 알고 있는지, 의학적으로 어떤 계획을 설정하고 나아갈지가 물론 중요하다. 연구 영역에서 업적을 이룰 수도 있다. 일반적인 이 의업의 영역에서 잘 나가면 '명의'라는 칭송을 들을 수 있다.

하지만 대개의 경우는 병원이라는 큰 조직에 속하고, 작게는 의국 등을 중심으로 자기 업무를 수행하게 된다. 자기 일만 신경 쓰기에는 행정, 보험, 경영 등 의료 외적인 일들이 너무 많다. 심지어는 의업 조차도 혼자 해결할 수 없는 경우가 너무 많다. 이럴 때 동료 또는 선후배들과 서로 돕는 협력 정신이 발동하게 된다.

수술을 예로 들어보자. 수술은 집도의의 원맨쇼가 아니다. 기본적으로 의사만 해도 여럿이 동원된다. 과만 해도 마취과, 수술과 둘이 협업한다. 때에 따라 두 수술과가 들어오기도 하니 그러면 세 과가 일하게 된다. 수술의는 적어도 집도의 한 명, 보조의 수 명 이렇게 많다. 수술방 간호사도 여럿이다. 이 중

하나라도 삐걱댄다면 수술이라는 배는 산으로 간다. '나만 잘하면 되지'라는 생각을 하는 의사는 이런 협업활동을 하면서 어려움을 겪을 수밖에 없다.

팀워크 이외에 '리더십'도 들고 싶다. 의대에 다닐 때 교수님 한 분이 했던 말이 기억난다.

"의사가 되면 원하든 원하지 않든 반드시 리더가 됩니다. 여러분 중 스스로 리더십이 부족하다 느끼는 사람이 있다면 반드시 개선하기 바랍니다. 리더십이 없다고 그게 잘못은 아니지만, 의사를 하며 큰 약점이 될 수 있습니다."

공부만 열심히 하면 좋은 의사가 될 수 있다고 생각한 때가 있었다. 하지만 의사가 되고 시간을 돌이켜 생각해 보면, 공부가 다는 아니라는 생각이 든다. 물론 끊임없이 공부하고 성실히 사는 직업인의 태도가 중요하지만, 그런 자신을 지지할 꼭 필요한 자질을 들자면 필자는 팀워크 정신과 리더십을 말하고 싶다.

의사국가시험에서는 어떤 것을 평가하나요?

의사국가시험은 줄여서 '국시' 또는 'KMLE Korean medical licensing examination '이라고도 한다.

과거 의사국가시험을 보던 날이 기억난다. 12월 말 실기 시험을 마치고 1월에 이틀간의 필기시험을 보러 갔다. 시험장은 그날따라 더 추웠고 도서관에서 만났던 동기들은 대개 굳은 얼굴을 하고 있었다. 이야기를 나눠 보니 다들 긴장을 많이 해서인지 몸 어디 한 군데씩은 고장 나 있었다. 나의 경우는 두통이 심해 진통제를 한꺼번에 몇 알씩 입안에 털어 넣어야 했다.

실기 시험도 긴장되기는 마찬가지였다. 전국의 의대생들이 '국시원 한국보건의료인국가시험원 '이라는 곳에 모여 시험을 치렀는데, 모의환자를 보는 'CPX Clinical performance examination '와 'OSCE Objective Structured clinical examination ' 두 항목의 시험을 봤다. OSCE '오스키'라고 읽는다 는 채혈, 심폐소생술 등의 임상술기를 평가하는 항목이다. 의대별로 임상술기센터를 두고 연습시키고 있어 대비하는 데에는 어렵지 않았다. CPX는 모의환자를 두고 진료를 보는 시험이다. CPX는 학교에서 훈련된 연극배우 등을 섭외하여 연습하게 해준다. 굉장히 현실적으로 연기하는 모습이 시험준비에 큰 도움이 된다. 다만 많은 비용이 들어 그 기회가 자주 오지는 않는다. 친구나 가족을 상대로 연습해볼 수 있지만, 상대가 시험에 대해 잘 이해하고 있지 못하여 그다지 만족스럽지 못하다. 가장 좋은 연습 방법은 의대생들끼리 서로 역할을 바꿔가며 연기하는 것이다. 다 같이 시험을 보는 입장이니 서로 최선을 다해 역할을 하며 연습했다.

시험비용은 비싼 편이다. 필기는 약 30만 원, 실기는 60만 원 정도로 다른 시험 응시료에 비하면 비싼 편에 속한다. 아마도 실기 시험이 포함되어 있기 때문으로 생각된다. 2021년 기준으로 필기는 60점 이상을 넘기면 합격하는 절대평가 시스템이고 5과목 합계 총 360문항이다. 의대 내내 배운 내용을 시험 한 번에 녹여야 해 많은 문항 수를 가지고 있다. 그래도 기존보다는 시험 시간이 줄어들었다. 국시원 측에서는 적은 문항으로도 자질을 평가할 수 있는 시스템을 구축했다고 자신감을 내비쳤다.

시험의 난이도는 점점 올라가고 있다. 다각도로 자질을 평가하는 시스템을 구축하고 있기 때문인데, 이런 경향은 점점 더 심해지고 문항 수는 줄어들 것으로 예측할 수 있다. 예를 들면 필자가 국가고시를 볼 때만 해도 객관식 문항밖에 없었다. 2022년 의사국가고시부터는 PC를 이용한 청음 및 영상 판독 시험 등도 추가되었다. 기술이 발전하면 실제 임상 상황을 시뮬레이션화한 시험을 볼 수도 있다. 선배들이 말해준 "의대는 빨리 졸업할수록 좋다"라는 금언을 다시 한번 떠올리게 된다.

대개 95% 정도의 높은 합격률이지만 그렇다고 쉬운 시험은
결코 아니다. 의대생들은 이 시험 하나만을 위해 긴 시간을
공부하고, 그렇게 공부했음에도 다들 합격 커트라인을 조금
넘어 합격한다. 기출 문제 위주로 공부를 하지만, 그 기출 문
제의 양도 상상을 초월하도록 많다. 기출 문제 유출이 법으로
금지되어 있었던 때도 있었으나 필자가 시험을 치를 때에는
국시원에서 자발적으로 홈페이지에 공개했다. 공개해도 어차
피 공부하지 않으면 맞출 수 없는 어려운 문제들이라고 판단
한 것이다.

의사국가시험은 명의를 만드는 시험은 아니다. 다만 중대한
실수를 하는 의사가 배출되기를 막는 시험이다. 필자 역시 시
험준비를 하면서 의대에서 배웠던 것이 정리되는 느낌을 받
았다. 시험준비를 하며 많이 배웠고 고마운 기회였다.

Q10
의사 채용 절차는
어떻게 되나요?

의사사회는 정말 좁은 사회다. 같은 학교 출신이라면 말 한 번 섞지 않았어도 아는 사람 한 명은 반드시 있기 마련이고, 타교 출신이라도 그에 대한 평가를 알아보기가 그다지 어렵지 않다. 특히나 의대 연합 동아리들이 많이 늘어 그런 경향은 더욱 짙어졌다.

다른 많은 직군과 마찬가지로 의사 채용에도 면접이 중요한 편이다. 다만 면접 한 번으로 면접자의 면면을 파악하기 어렵다. 따라서 면접 이외에 이력서에 적힌 임상 경험을 본다. 의사는 면허증 하나로 자기 임상 진료에 대한 책임을 진다. 경험이 전혀 없다 하더라도 초년생에 대한 대우는 좋은 편이다. 일을 새로 배울 필요가 없는 임상의들에 대한 대우는 훨씬 좋다. 따라서 전문의들은 취직이 그다지 어려운 편이 아니다. 의사들만 볼 수 있는 공채 웹사이트가 있어 정보가 올라오기도 하고, 소개로 취직하기도 한다.

수련의에 대한 채용은 훨씬 복잡하다. 서울의 메이저급 병원 서울대병원, 세브란스병원, 아산병원, 삼성의료원 등에 취직하려면 대기업 입사하듯이 준비해야 한다. 인턴부터도 경쟁이 치열하다. 면접에서 의학적인 시험을 보고, 학교 성적, 국가고시 성적, 심지어는 영어시험 성적 가산이 있어 이를 미리 준비하는 경우도 있다.

인턴이 끝나면 레지던트 지원을 하게 되는데 이때 이들은 인턴을 한 병원에 남을지, 타 병원으로 옮길지를 결정한다. 대부분은 원내에 남지만 그렇지 않은 경우도 있다. 대개 원내에 남는 이유는 채용자들이 1년간 나에 대한 믿을 만한 평가를 해주었기 때문이다. 따라서 나를 채용하고 싶은 리크루터들이 있다면 어느 정도는 그 의도를 알 수 있게 된다. 만일 이 수준에서 과와 거의 채용 이야기가 마무리되었다면 그를 픽스턴fix+인턴의 줄임말이라고 한다. 픽스턴이 있어 인원이 찬 의국에는 대개 아무도 지원하지 않는다. 이런 경우 마지막 경쟁률은 1:1로 마무리된다.

인기과는 픽스턴도 굴러온 돌에 뽑히기는 한다. 인턴이 끝나면 전공의 시험이라는 평가 방식이 있다. 예를 들면 00과 과장이 나를 마음에 들어 해 뽑아주기로 했는데, 내가 너무 시험을 못 봐서 전체 총점을 매겼을 때 다른 지원자에 비해 모자라면 떨어진다. 지원자를 뽑는 과 의국 입장에서는 이 상황이 마뜩잖다. 같이 일하고 싶은 사람을 뽑고 싶지, 성적은 좋아도 같이 일하기 힘든 사람을 뽑는 위험부담을 굳이 짊어지고 싶진 않은 것이다. 어차피 의대 졸업자 정도 되면 기본 의학지식은 가지고 있고 성적이 좋다고 반드시 인재를 의미하지는 않는다. 그래서 픽스턴이 있는 경우에는 추가 지원자가 있어도 "당신은 뽑지 않는다"며 대놓고 의지를 꺾는다. 많은 이들이 여기서 지원을 접는다. 하지만 끝끝내 자신을 어필해 합격까지 밀고 나가는 인턴들도 가끔 있다. 자신을 떨어뜨린 다고 공언한 분을 적어도 4년 상사로 모실 각오로 지원한 이들을 보면 의지력에 감탄하지 않을 수 없다.

자신이 마음에 드는 과가 없거나, 원내 본인에 대한 평가가 너무 안 좋다면 타 병원으로 점프해 볼 수 있다. 만일 평판이 나쁘다면 합격 확률도 좀 낮아진다. 인턴을 돌면 A, B, C 순으로 점수를 매긴다. 60%는 B점이고 상위 20%와 하위 20%는 A, C로 점수가 매겨진다. 평판이 나쁘면 C점을 받고 이 점수는 타 병원에 지원하더라도 고스란히 전해진다. 당연히 채용에 악영향을 준다.

인기과는 매년 변한다. '피안성 피부과, 안과, 성형외과', '정재영 정신과, 재활의학과, 영상의학과' 등 지칭하는 속어도 다양하다. 필자가 인턴에 지원할 때는 정책의 영향으로 직업환경의학과의 인기가 최고에 달했지만 지금 인기는 그 정도에 못 미친다. 인기과가 되면 경쟁이 매우 치열하다. 그런데 시간이 지나 인기가 사라지기도 한다. 가끔 보면 재수까지 해서 인기과에 들어간 의사가 졸국할 즈음에 모집 미달이 되는 안타까운 광경도 본다. 인기과라고 해서 지원하지 말고 진짜 가고 싶은 과를 가라던 선배 의사의 조언이 떠오른다.

2 진짜 의사가
되고 싶다면

의대를 졸업하고 의사 면허증을 가졌다면 이제 의사가 되었다 말할 수 있다. 그래도 환자 한 명 본 적 없는 그를 진짜 의사라 하기는 어렵다. 의사로 일할 자격을 가졌을 뿐, 이제부터 그는 수많은 환자들을 만나 더욱 성장해야 한다. 이렇게 수련받지 않은 상태의 의사를 '일반의 General practitioner'라고 한다. 한국에서는 일반의로 일할 수 있지만, 나라에 따라 의사로 인정하지 않는 경우가 훨씬 더 많다. 많은 나라에서 인턴 및 레지던트 과정인 전공의 수련까지는 아니더라도 1~2년의 수련을 받고 나서야 비로소 의사로 인정한다.

그래도 대부분의 의사들은 일반의가 아닌 전문의의 길을 간다. 전공의 수련과정을 거쳐 전문의 자격을 취득한다. 수련이라는 과정을 통해 의사는 한 사람의 진정한 임상의로 거듭날 수 있다. 수련의 과정은 어떤 스승을 만나느냐, 어떤 커리큘럼을 겪느냐, 얼마나 다양한 환자를 만나느냐에 따라 다르다. 따라서 의사들끼리는 서로의 출신을 확인할 때 어디 의대, 무슨 과인지만 보지 않는다. 어떤 병원 수련인지를 중요하게 생각한다. 그래서 자존감이 높은 상위권 의대 출신들도 타 의대 출신이 유명 병원 수련이라면 완전히 높게 쳐주는 분위기다.

레지던트 수련과정은 길고 힘들다. 한창 좋은 20대 후반에서 30대 초반을 병원 밖에 나가지도 못하고 생활해야 한다. 힘든 만큼 가치는 있지만 요즘에는 꽃다운 젊음을 그렇게까지 수련에 갈아 넣어야 하냐는 분위기도 있다. 솔직히 말하면 무시할 수 없을 정도로 많다. 필자가 의대를 다닐 때만 하더라도 그렇지 않았으니, 세상은 참 빠르게도 변하는 것 같다. 그래도 이런 생각을 하는 젊은 의사들이 무계획은 아니다. 임상의 말고도 창업, 일반 회사 취업, 공무원 등 다양한 길을 간다. 앞으로 팔색조의 매력을 뿜내는 의사들을 기대해볼 수 있겠다.

Q1
의사가 되기 위해
얼마나 많은 시간이 걸리나요?

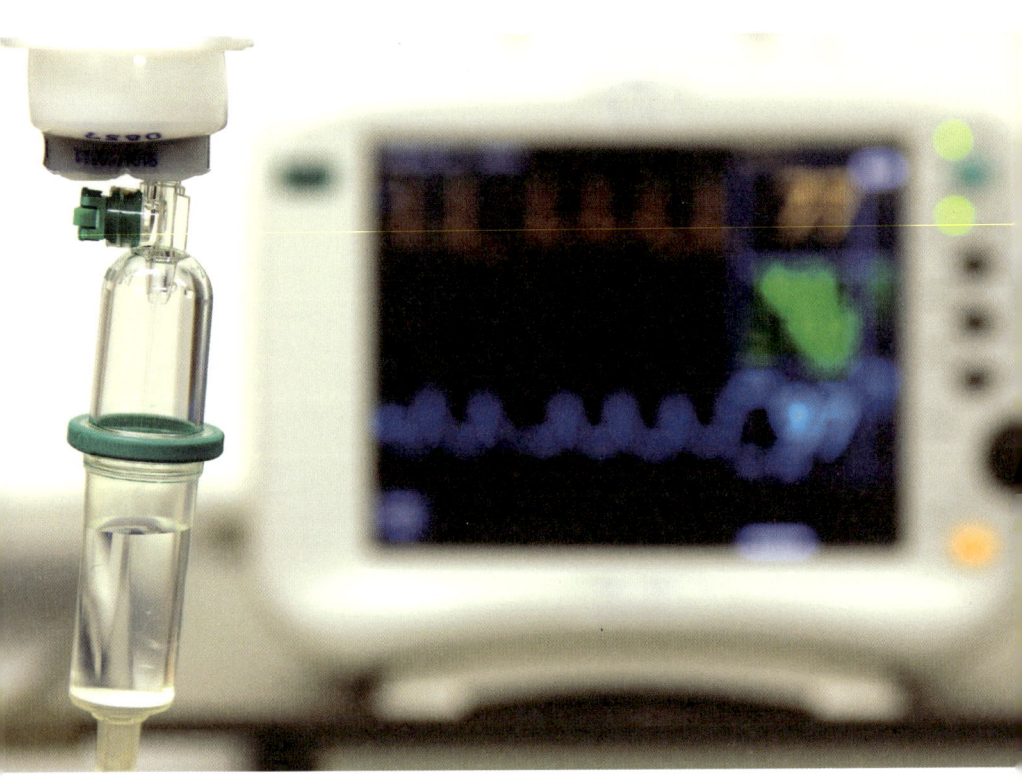

의사가 되기 위한 최소 기간은 6년이다 의학전문대학원을 기준으로 하면 최소 8년이지만 지금은 의학전문대학원이 거의 남아 있지 않다. 일반적으로 졸업 후에는 인턴 1년 그리고 대개는 4년의 레지던트 과정 일부 과는 3년 수련과정을 거친다 을 거친다.

남자들은 군의관으로 복무하는 경우도 많아 전문의로서 적극적 활동을 하는데 시간이 더 걸린다. 37~38개월의 복무 기간을 거치므로 사병보다 훨씬 더 긴 셈이다. 여기까지 하면 남자는 14년이다. 스무 살에 입학한 의대생도 전문의로 활동하려면 34세는 되어야 한다.

여기서 끝이 아니다. 최근 종합병원에서 전공의 인력이 부족하다 보니 고년 차가 저년 차의 일을 하게 되면서 문제가 생긴다. 전문의가 되었을 때 하는 술기 등을 익히지 못하는 경우가 적지 않다. 그래서 전임의라는 추가 과정을 밟는 경우가 많다. 보통 1~3년 정도를 한다. 교수급의 대우를 해주지만 월급은 레지던트보다 조금 더 많은 정도다.

많은 의대 지망생들이 의사가 되는 즉시 꽃길을 걸을 줄만 안다. 하지만 전문의가 되기까지는 굉장히 긴 시간을 배우며 지내야 한다. 이 점을 잘 알고 지망하기 바란다.

Q2
의사가 되는데
돈이 많이 드나요?

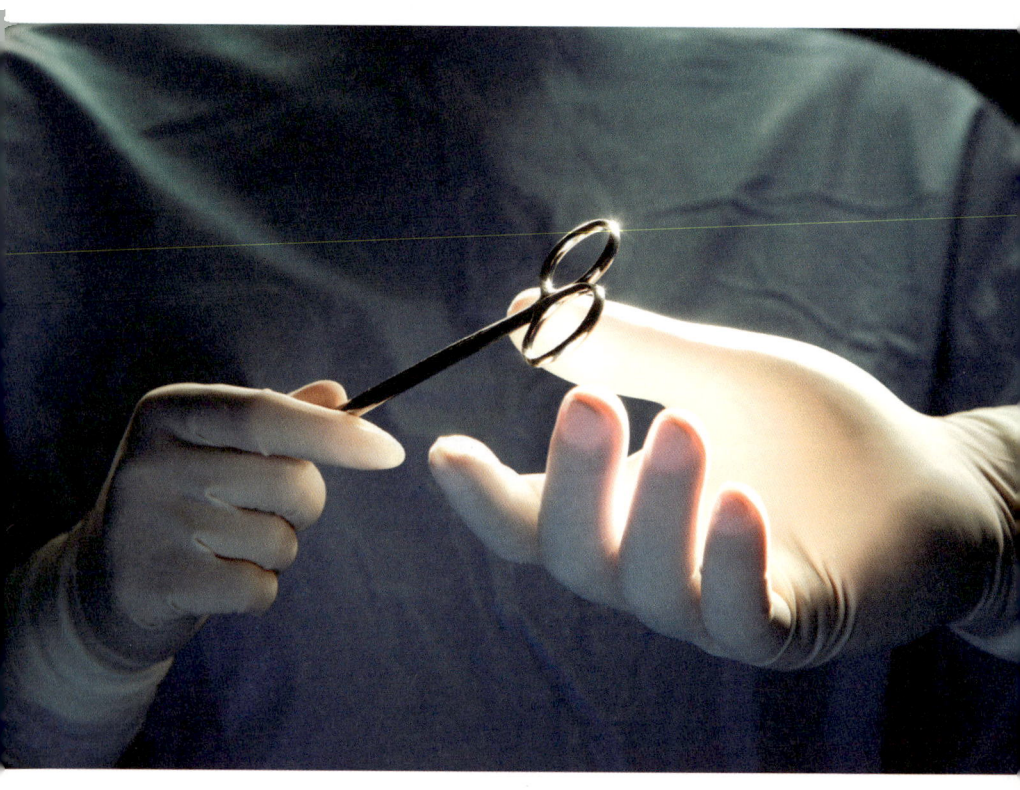

의대는 타 단과 대학보다 훨씬 등록금이 비싼 편이다.《머니투데이》2021년 4월 보도에 따르면, 4년제 대학의 학생 1명이 연간 부담하는 평균등록금은 673만 3,500원이었다. 자세히 살펴보면 사립대 749만 2,100원, 국공립대 418만 4,600원으로 집계됐다. 이 금액들은 1학기당 등록금으로 일반 4년제 대학 연간등록금과 금액이 비슷하다. 의대 과정이 6년임을 고려하면 훨씬 부담이 많다고 할 수 있다.

게다가 의대는 본인이 원하지 않아도 유급을 당할 가능성이 있다. 열등생만 당하는 것처럼 보이지만 생각보다 그 수가 많다. 학교에 따라 동기생들이 끝까지 졸업하는 경우는 거의 없다. 10~30%의 인원은 유급으로 졸업이 늦어진다. 평균 학점이 낮아도 유급이지만, F 학점이 하나만 있어도 의사로서 자질이 부족하다고 여겨져 전 과목을 1년간 재수강해야 한다. 다음 해가 되면 학업 성취도가 떨어져, 그 전에는 학점 좋았던 과목 성적이 떨어지는 기현상들도 있다. 연달아 수년간 유급을 하면 퇴학을 당하는 경우도 간혹 있다. 필자가 목격한 것만 다섯 건 이상이니 그 수가 아주 적지는 않은 것 같다.

등록금 이외에도 책값, 관련 자료 프린트 비용 등도 무시하지 못한다. 의대에 다니며 한가로이 밥해 먹을 시간은 없으니 매 끼니 사 먹는 음식 또한 큰 비용이다. 다른 대학생들도 마찬가지겠지만, 다니는 의대 부근에 자취라도 하게 되면 역시 돈이 든다. 의대 다니며 돈이 많이 드냐는 질문에 나는 "예"라는 대답을 하고 싶다.

인턴 과정에서는
어떤 것을 배우나요?

인턴은 레지던트 들어가기 전 많은 과를 한 달씩 돌면서 의사가 할 수 있는 술기를 하는 기간이다. 본인이 독자적으로 진단을 내리고 환자를 보는 주치의 직무와는 거리가 있다. 그래서 인턴이 자기 환자에 대해 파악하고 있는 경우는 거의 없다. 시키는 일만 잘하는 것이 오히려 업무에 집중할 수 있고, 나중에 좋은 평가 점수를 받는 데 도움이 된다. 인턴 때는 각 과를 돌면서 소변줄 교체, 드레싱, 심전도 촬영, 수술방 준비 등 기초 술기들이 주된 업무다.

'인턴 밑에 바다 있다'라는 말이 있다. 이제 막 의사로서 일을 시작한 막내 의사이니 원내에서는 의사 중 가장 하급의 지위가 맞다. 원내 분위기에 따라 인턴에게 갑질을 하는 경우도 적지 않다. 선배 의사들에게 무시당하기도 하고, 병원 일 오래한 소위 '짬밥 많이 먹은' 다른 직군에게 험한 말을 듣기도 한다. 인턴이 한편 학생처럼 무기력해 보이지만 엄연히 월급 받고 일하고, 자기 면허에 책임을 지는 의사다. 어차피 시간이 지나면 한 명의 의사로 우뚝 설 이들에게 함부로 대하는 사람들을 이해할 수 없다.

바닥이었던 인턴의 몸값은 달이 지날수록 점점 올라간다. 3월의 몸값과 비교해 보면 7월 인턴의 가치는 천정부지로 솟아오른다. 병원 생활에 적응하게 되니 숙련도가 올라가고, 각 과에서 회식자리에 부르거나 간식을 사 주면서 지원자 모집에 열을 올린다. 11월경 모집이 마무리되는 분위기에는 인턴 몸값은 횡보한다. 겨울이 되면 1지망에 떨어진 소위 '떨턴'과 마음을 정하지 못한 우유부단한 인턴들 간에 남은 과 정원을 두고 눈치 게임이 시작된다.

인턴의 입사가 내정되면 그는 '픽스턴'이 된다. 픽스턴은 앞으로 4년 그 병원 그 과의 레지던트를 할 예정이므로 모든 사람들이 그를 그 과 사람으로 대우한다. 예를 들어 필자가 7월에 마취과에 들어가기로 이야기가 되었다고 치자. 마취과에서는 8월~2월까지 7개월이라는 긴 시간 동안 다른 인턴보다 픽스턴이 와서 일해주길 원한다. 이렇게 되면 인턴이 하는 직무 외에도 레지던트 직무를 배울 수 있고, 해가 지나 3월 정식 입국을 하면 그때부터는 이 신입 레지던트가 바로 업무를 수행할 수 있다.

필자는 인턴을 한 병원이 아닌 다른 병원에 가기로 내정되어 있었다. 어차피 다른 병원 식구가 될 것을 알고 원내 모든 픽스턴들이 내 남은 일정과 바꿔 주기를 원했다. 생각해 보면 안 바꿔줘도 그만인데 마지막을 좋게 장식하고 싶어 모두 바꿔 주었다. 그러다 보니 마지막 수개월 근무는 기피 일정인 응급실 근무뿐이었다. 당시 응급실 근무는 24시간 일하고 24시간 쉬는 살인적인 스케줄을 자랑했다. 인턴 12개월을 근무하는 동안 응급실에서만 거의 5개월 정도를 일했는데, 생각해 보면 젊었으니 가능했지 지금 하라면 불가능하지 싶다.

인턴이라고 병원 안의 모든 과를 돌지는 않는다. 다만 필수 분과인 내과, 외과, 산부인과는 적어도 4주, 소아과는 적어도 2주 이상 돌아야 한다. 가끔 병원 차원에서 인턴들을 필수과 대신 일손이 부족한 과로 자체 대체시킨 사례가 발생한다. 이는 모두 불법이며 배울 권리를 침해한 파렴치한 정책이다. 일부 병원들의 이런 몰상식한 행동 때문에 그 병원에서 일하는 인턴들은 제대로 된 수련을 받지 못하기도 한다.

인턴이 끝날 때가 되면 앳된 얼굴의 의사들이 우르르 나타난다. 갓 의대를 졸업한 신입 인턴들이다. 임상 경험을 1년만 해도 사람 얼굴이 산전수전 다 겪은 것처럼 변하는데, 말년의 인턴 동기들과 이들의 얼굴은 확연히 다르다. 긴장된 얼굴, 각 잡힌 어깨 등이 영락없는 학생이다. 필자와 동료들의 인턴 초반 모습이 생각나 웃음이 난다. 이들에게 1~2주 동안 인계를 하고 업무를 가르치고 나면 인턴생활은 끝이 난다. 픽스턴들은 3월 1일부터 소속 의국으로 출근하고, 타 병원으로 가는 인턴들은 1년간 정든(?) 병원을 떠나 새로운 직장으로 옮긴다.

Q4
인턴 과정과 레지던트 과정은
어떻게 다른가요?

인턴과 레지던트의 가장 큰 차이가 있다면 바로 '책임감'이 아닐까. 레지던트는 그 과에 소속된 식구로서 주치의로 일하며 자기 환자를 둔다. 환자를 깊게 파악하고 증상을 보고하며 알고 있는 지식을 통해 정성껏 돌본다.

인턴은 환자의 진단을 거의 알 필요가 없다. 자기 환자가 따로 없단 의미에서 큰 책임이 없다. 그들은 대개 입원환자에게 필요한 간단한 술기를 한다. 그래서 술기를 성공시킬 책임감은 굉장하다고 하겠다. 채혈 등은 너무 많이 해 숙련도가 올라가 말년에는 웬만한 레지던트보다 훨씬 더 잘하게 된다. 어떤 주사기 장인들은 "주사기를 던지면 들어간다"라고 농담 삼아 이야기하기도 한다.

또 이들은 레지던트를 보조하기도 한다. 필자가 본 가장 기억에 남는 인턴은 심폐소생술을 같이 했던 인턴이었다. 기도삽관에 계속 실패해 기도 확보는 할 수 없으니, 할 수 없이 거의 몇 시간을 같이 산소 앰부백을 짰던 인턴이다. 나중에는 팔이 부어오를 정도로 무리해 미안했던 기억이 있다.

가끔 레지던트가 없는 과에서 인턴이 주치의 같이 일을 하는 경우도 있다. 하지만 한 달간 그 과 업무를 깊게 배우기가 쉽지는 않다. 배울 시간은 적어도 그 과 교수들은 열심히 가르쳐주고 싶어 한다. 자기 전문지식을 물려줄 후학을 바라는 마음이 아닐까 생각한다.

∨ 출처_ 가톨릭대학교 의정부성모병원 외상외과 홍태화 교수

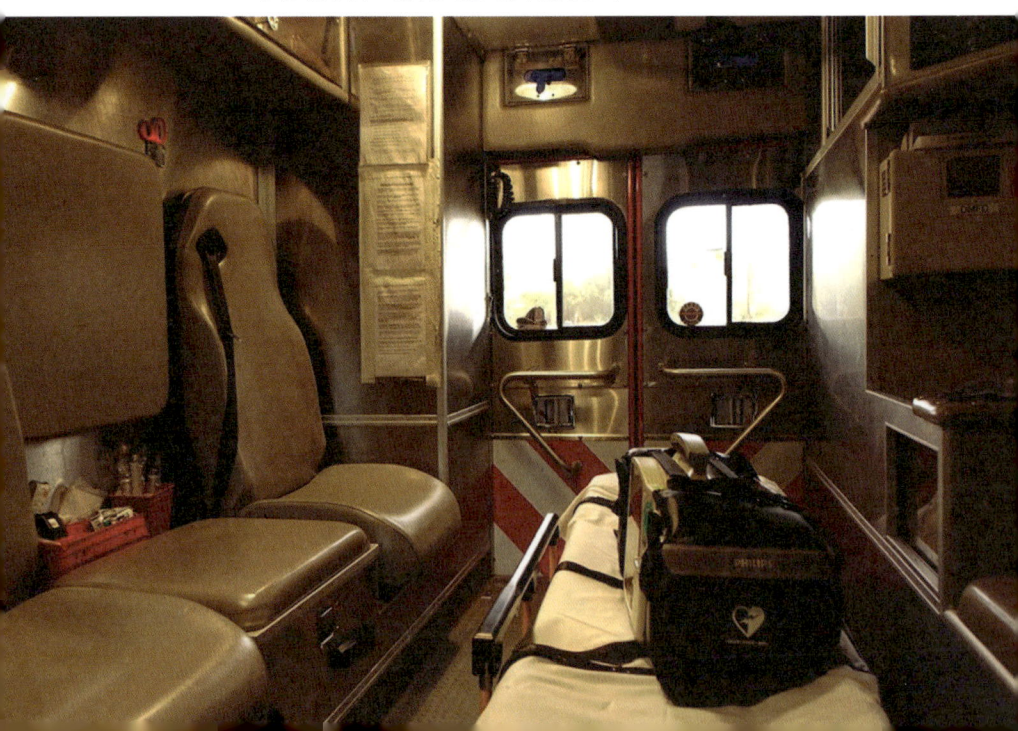

Q5
의사 과정이 긴데
남자의 경우 군대는 어떻게 하나요?

의대 졸업 전에 군대에 갈 경우 일반 사병으로 복무하게 되나 이런 식의 군 복무를 하는 경우는 거의 없다. 의대생은 27세까지는 입대 연기가 가능하므로 대개 적어도 졸업까지는 입대를 미룬다.

나이가 많은데 유급까지 해서 입대하는 의대생이 가끔 있다. 이들은 원치 않게 일반 사병으로 가지만 오히려 환골탈태해서 복학하기도 한다. 사회에서 의대생이었던 신분이 특기가 되어 의무병으로 배치를 받는 경우다. 복학하면 갑자기 성적 상위권으로 탈바꿈해 있다. 책으로만 의학을 배우는 동기들과 달리 임상경험을 탑재했기 때문이다.

의사고시에 합격해 의사 면허를 취득하면 공중보건의나 군의관^{중위}으로 복무하게 된다. 많은 의대 졸업생들이 이 길을 택한다. 공중보건의는 37개월 복무, 군의관은 38개월 복무로 기간이 긴 편이다. 공중보건의가 되면 농어촌 등 보건의료 취약지구에서 근무한다. 전공의 수련을 받고 싶으면 '의무사관 후보생 지원서'를 작성해 입대를 더 연기할 수 있다. 이 지원서는 수련이 끝나 전문의가 되면 군의관으로 복무하겠다고 약

정하는 문서다. 그런데 가끔 군의관 모집이 다 차서 공중보건
의로 근무해야 하는 경우도 있다. 사실 대개는 민간에서 생활
할 수 있는 공중보건의에 대한 선호도가 더 높은 편이다.

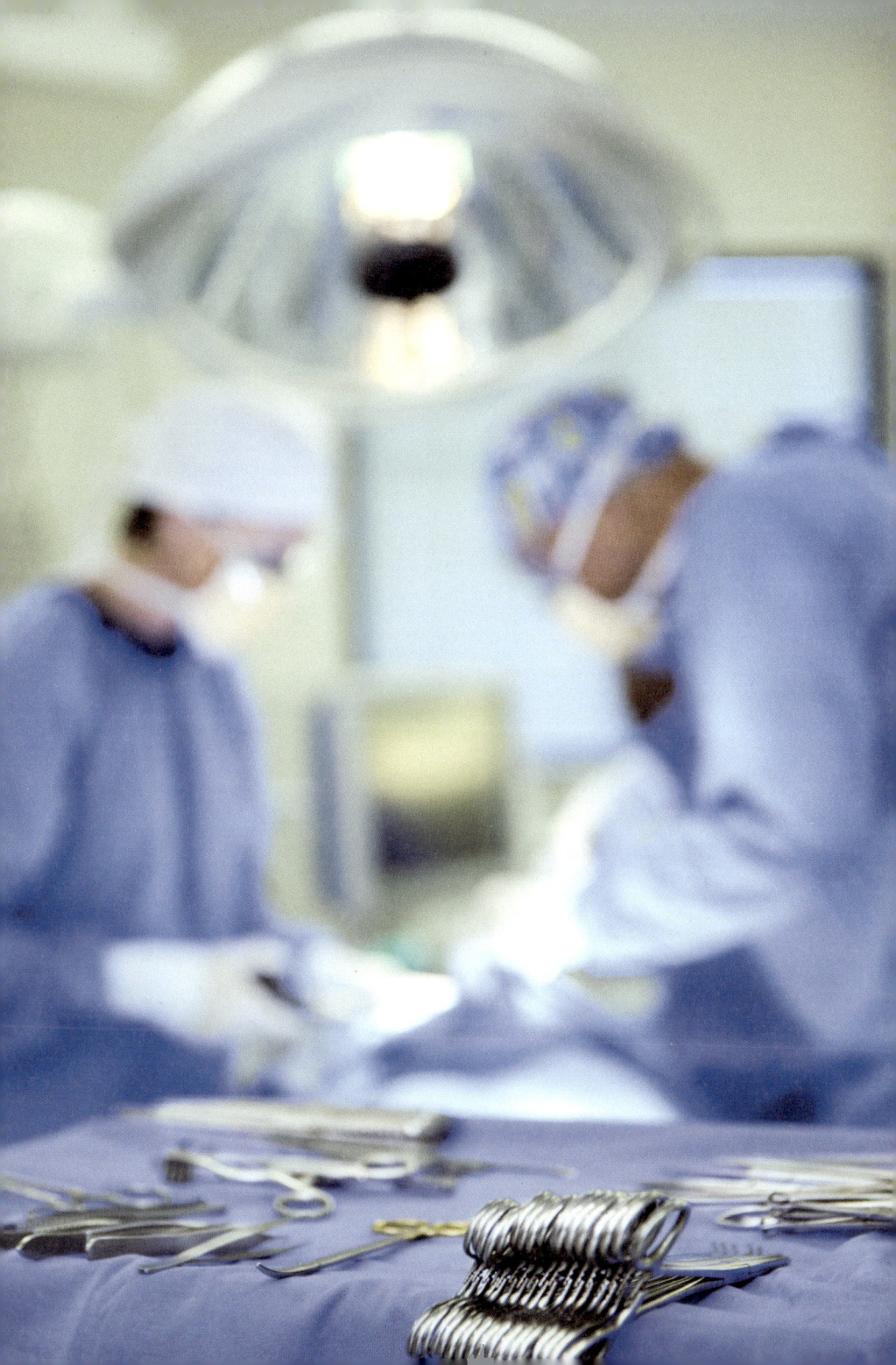

3 이제는
실전이다

의사가 되면 하얀 가운을 휘날리며 손끝에서 뿜어져 나오는 의술의 빛을 세상의 어두운 곳에 쉴 새 없이 뿌리고 다닐 줄만 알았다. 모두가 나를 존경하고 사랑하는 그런 모습을 꿈꿨다. 상상할 수 있는 모습은 뭐가 되었든 신화 속 존재 같은 이상적인 그림이었다.

모든 직업인의 모습이 그렇겠지만 막상 현실이 되니 이상과는 거리가 멀었다. 먼 정도가 아니고 아예 내가 그런 사람이 될 수 없는 게 아닌가 하는 생각마저도 들었다. 처방 하나 내기도 쉽지 않고, 바늘 한 번 찌르기가 두려워 수없이 머릿속 시뮬레이션을 하곤 했다.

초심자의 낯섦은 둘째 치더라도 일이 너무 힘들었다. 그중 처음 겪는 역겨움에 익숙해지기가 제일 힘들었다. 병원 안 대소변 오물, 고름, 심지어 뇌척수액 냄새까지 인간의 몸에서 나오는 거의 모든 냄새를 후각으로 받아들이기가 쉽지 않았다.

모든 환경이 낯선 초짜 의사는 하나에서 열까지 선배에게서 배워야 한다. 가르쳐 주지 않으면 끝이다. 나아갈 수 없음은 당연하고 아무것도 할 수가 없다. 교수에게 배우고 선배 전공의에게 배우고 전임자에게 배워야 한다. 의대 시절 배웠던 지식과는 또 다른 현장의 모습, 양도 많거니와 환자라는 살아 숨 쉬는 대상을 마주하며 압도된다. 그래도 한 해 한 해 지나며 한 사람의 의사가 된다. 주눅 든 어깨는 점점 올라가고, 얼굴 한편에는 자신감이 자리하게 된다.

Q1
정식 의사가 되면
먼저 무엇을 하나요?

의사국가고시는 1월, 합격자 발표는 2월이다. 인턴은 2월 말경 지원하고 합격하면 3월부터 일을 하게 된다. 사실 인턴을 가르칠 전임 인턴들은 시간이 없고 마음이 급하다. 레지던트가 되면서 3월부터 바로 일을 시작해야 하기 때문이다. 그래서 2월 말은 신입 인턴이 아직 의사로 정식 인정받기 전인데도 인계를 받고 일을 바로 시작해야 했다. 하지만 지금은 전국 병원의 교육수련부 차원에서 개선을 위해 노력하고 있어 지금은 3월부터 업무를 시작하는 것이 어느 정도 자리를 잡은 듯하다.

인턴이 되면 교육수련부 소속이 된다. 교육수련부에선 인턴들에게 병원 생활 팁을 안내하는 등의 간단한 오리엔테이션을 한다. 직원으로 등록이 되면 가운, 명찰 등을 지급 받고 정식으로 일할 수 있게 된다. 인턴 명찰은 그야말로 무적 프리패스권이다. 병원 그 어느 곳이라도 다 갈 수 있다. 내과 의사인 필자는 수술방을 들어갈 수 없었는데, 인턴을 따라 들어가 본 적이 있다. 원내 모든 과를 도는 인턴이니 가능한 이야기다.

최근 인턴을 지원하지 않고 일반의GP, General practitioner 로서 일을 시작하는 학생들도 많다. 이들의 대부분은 피부미용 등 비급여 진료를 하거나 요양병원 당직, 응급실 근무 등을 한다. 일부 열정적인 일반의들은 이런 파트타임 직무를 수행하며 남는 시간 동안 해외 의사고시를 준비하기도 한다.

Q2
수술은
언제부터 할 수 있나요?

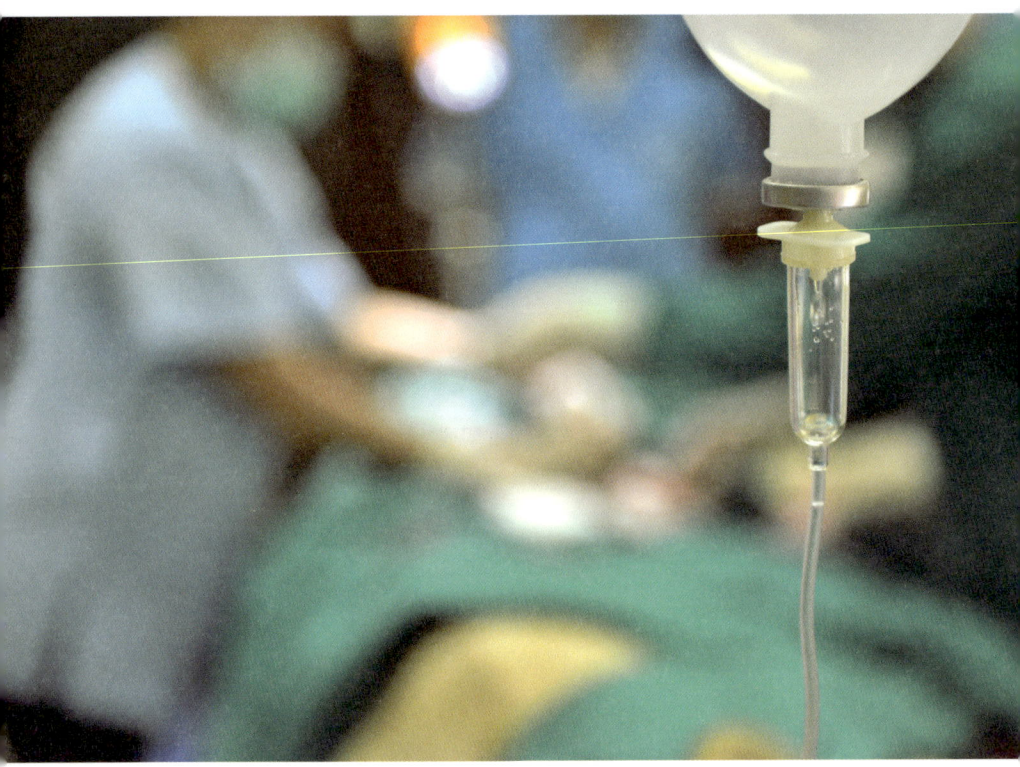

수술은 의사의 가장 대표적인 의료행위 중 하나이다. 당연히 신체에 이득이 있다는 전제가 있기는 하지만, 워낙에 공격적인 술기이다 보니 항상 조심스러운 접근이 필요하다.

가장 이른 수술 가능 연령을 따져 보자면 24세이다. 20세 의대에 입학한다고 하면 본과 3학년에 가능하기는 하다. 의대 실습을 하는 학년이기도 하고, 다른 의사의 감독하에서는 이 의대생도 법적으로는 엄연히 한 의료진이기 때문이다. 의대생들은 집도 같은 주체적 수술은 못 하지만, 집도의와 다른 수술을 하는 데 도움을 주는 역할을 하기도 한다. 실제로 많은 의대생이 수술부위를 넓게 벌리는 등 수술에 참여한다. 응급상황이라면 더 많은 역할을 맡기도 한다. 아는 의대생 한 명은 많은 직원들이 쉬어 인력이 부족한 근로자의 날 수술에 참여했다고 들었다.

하지만 현실적으로는 의대생은커녕 인턴이 되어도 어렵다. 수술은 고난이도, 그리고 고도의 집중력을 요구하는 술기다. 당연히 교육에 긴 시간과 에너지가 든다. 그런데 의대생이나 인턴 같은 교육생들에게 수술을 가르쳐 봐야 잠깐이다. 이들이 배운 기술로 지속적으로 수술하며 과에 공헌할 가능성도 작다. 또한 숙련되지 않은 의사들의 치료를 꺼리는 사회 분위기도 한몫한다. 따라서 의사가 수술을 배울 수 있는 시기는 대개 레지던트 이후로 늦춰진다.

Q3

피를 무서워해도
의사가 될 수 있나요?

피를 무서워하는 의사가 있을까? 의외로 많다. 그렇다면 피를 싫어해도 의사를 할 수 있을 것처럼 보인다. 그리고 실제로 그렇다. 환자를 아예 안 볼 수도 있는 과도 많이 있고, 전문의가 되면 피를 거의 볼 일이 없는 의사도 많다. 지금도 내과 계열의 많은 개업의들은 피 볼 일이 없고, 주로 판독을 하는 영상의학과 의사 등은 당연히 그럴 일이 없다. 그렇지만 그런 의사가 되는 과정에서는 피 보는 과정을 건너뛸 수가 없다.

과거 피를 보고 실신해버린 한 의대 학생이 있었다. 본인이 흘린 피도 아니었지만 이상하게도 그 검붉은 색에 즉각적으로 반응해 버렸다. 그는 이내 감정적인 결정을 내렸다. 다음 날 자기는 의사가 될 수 없겠다며 짐을 싸고 학교를 나가 버렸다. 그러더니 며칠 후에 다시 돌아왔다. 한 번 버텨보겠다고 했다. 어렵게 들어온 의대를 금세 포기해 부모님께 혼나고 돌아온 것 같았다. 그리고 몇 번 위기가 닥쳐 왔다. 실습 때 회진을 돌면서, 동맥채혈 실습을 하면서, 혈액 투석실을 참관하면서, 수술방 활짝 열어젖힌 복강을 보며 등 매번 그만두고 싶은 크나큰 위험들이었다. 그때마다 "어떻게 들어 온 의대인데 물러설 수는 없다"며 정신을 훈련했다고 한다. 처음에는 불가능하다고 생각했던 일이 점점 싫어하는 일 정도로 바뀌었다. 결국, 그 학생은 무사히 졸업할 수 있었고 지금은 피를 안 보는 과의 의사가 되었다.

의사로서 피 보는 일이 필연적이지는 않다. 다만 피를 안 보는 의사의 분야도 기본적으로는 환자를 향해 있다. 현장에는 항상 피와 오물이 있기 마련이다. 이 점을 이해하지 못한다면 한 사람의 의사가 되기란 쉽지 않다.

출처_ 가톨릭대학교 의정부성모병원 외상외과 홍태화 교수

Q4
의사가 돼서도
공부를 계속해야 하나요?

세상에 '공부 좋아하는 사람은 없다'는 말이 있다. 의사들도 그렇다. 공부 잘해서 의대 온 사람들이지만 공부를 좋아하는 사람은 매우 드물다 물론 좋아하는 사람의 비율이 타 직군보다 다소 높기는 하다.

하지만 공부를 좋아하지는 않아도 싫어하는 사람은 별로 없다. 그리고 싫어해서도 안 된다. 싫어도 싫다고 내뱉으면 더 싫어지고, 의사는커녕 의대 과정조차 버티기가 어려워진다. 공부가 싫으면 의대를 졸업하기 어렵고, 백 회쯤 되는 시험을 치를 때마다 고통스러우며, 의사가 되어 시험이 없어도 공부해야 하는 현실이 개탄스럽기만 할 것이다.

의대 시절, 공부하기가 너무 싫다던 한 천재 동기가 생각난다. 그는 공부를 잘했지만 의대 과정을 힘들어했다. 잘하는 것과는 별개로 매주 쏟아지는 시험이 힘들었고, 공부 자체에 큰 흥미를 느끼지 못했다. 서너 번 낙제 학점을 받은 뒤에 그는 학기 도중 군에 입대해야만 했다.

좋은 의사가 되어 잘 살고 싶다면 환자를 잘 봐야 한다. 잘 알지도 못하고 아무 말이나 내뱉는 의사를 환자들이 모를 리 없

108

다. 따라서 많은 의사들이 끊임없이 공부한다. 필자만 해도 작년 강의 수강을 위해 백만 원이 넘는 돈을 썼다. 공부하지 않으면 죄책감이 느껴진다. 공부가 힘들더라도 '적어도 이 정도는 환자를 위해 해야 하지 않을까?'라는 생각에 계속해서 공부한다. 공부란, 환자 보는 것 외 의사의 업이나 다름없다.

우리나라

의과대학 및 의학전문대학원

현황

2021년 5월 《의학신문》에 보도된 내용에 따르면 현재 우리나라 의과대학은 모두 40개이다. 서울 지역이 8개교로 가장 많았으며 부산, 대구, 강원 지역이 모두 4개교, 경기 지역이 3개교로 그 뒤를 이었다.

1950년까지는 단 6개 의과대학만이 존재했다고 한다. 이후 1970년 13개 대학으로 늘어났으며, 1980년까지 6개교가 추가로 생겨났다. 1990년대 들어서는 12개교가 신설됐다. 그후 1991년부터 2000년 사이에는 10개교가 추가되어 41개 의과대로 증가했으나, 2018년 서남의대가 폐교되어 현재 40개 의과대학이 있다. 지역별 의과대학 현황은 다음과 같다.

가톨릭대, 경희대, 고려대, 서울대,
연세대, 이화여대, 중앙대, 한양대

가톨릭관동대, 강원대,
연세대(원주), 한림대

가천대, 인하대

건국대(충주), 충북대

성균관대, 아주대,
차의과학대

동국대(경주)

건양대, 순천향대,
단국대(천안)

경북대, 계명대,
대구가톨릭대, 영남대

을지의대, 충남대

원광대, 전북대

울산대

전남대, 조선대

경북대, 계명대,
대구가톨릭대, 영남대

경상대

제주대

인천 서울 강원 경기 충북 대전 충남 경북 대구 전북 울산 광주 경남 부산 전남 제주

한편, 의학전문대학원은 앞서 잠깐 언급했듯이 점점 사라지고 있다. 대개 의과대학
으로 전환해 이제는 소멸 단계나 다름이 없다. 2021년 현재 건국대학교와 차의과
학대학교 두 군데에서만 신입생을 뽑고 있다. 건국대학교도 의대 회귀를 논의한다
는 말이 있었으나 2022학년도 신입생 모집 계획은 나와 있는 상태이다.

I am a doctor

Part 3 의사가 말하는 의사

1   의사의
       희노애락

환자와 같이 울고 웃는 의사. 이보다 따뜻해 보이는 모습이 있을까. 사람들이 의사에게 많이 기대하는 모습이고 영화나 드라마에서도 많이 다뤄졌다. 하지만 개인적으로 의사가 감성적으로 충만한 성격은 오히려 치료에 방해가 된다고 생각한다.

의사 업무의 대부분은 차가운 머리를 필요로 한다. 정확히 진단하고 처방하며 실수하지 않는 것은 의사에게 가장 중요한 덕목이자 기본 소양이다. 환자와의 공감은 이 조건이 충족된 다음에서야 필요하다. 의사가 사람 대 사람의 관계에 너무 치우치게 되면 오히려 중요한 가치들을 훼손시킬 우려가 있다.

물론 공감이 중요한 과도 있다. 정신건강의학과다. 정신건강의학과 실습을 돌 때 교수님은 "환자와 공감하라"는 항목을 가장 먼저 지시했다. 마음이 아픈 사람들이기에 공감이 된 다음에야 소통할 수 있고, 그제야 치료를 시작할 수 있기 때문이다. 그러나 이 정신건강의학과조차 수련 내내 공감 능력 함양보다는 약을 잘 쓰는 법을 배운다. 의사에게 있어 치료란, 전인치료도 좋지만 일단 처방으로 말하는 셈이다.

물론 의사도 사람이기에 환자와 감정적 교류를 갖는다. 공부 밖에 모르던 의대생들이 보통 내과를 지망하는데, 이 메마른 내과 의사들조차도 환자를 위해 우는 경우가 많다. 내과에는 죽고 사는 문제를 가진 환자들이 넘쳐난다. 어디 내과만 그렇던가? 소아과, 외과, 산부인과 등 생명을 다루는 그곳에 의사들은 벅차오르거나 가슴 답답한 감정의 폭탄을 떠안을 때가 적지 않다.

좋은 의사는 감정의 홍수 속에서 정신을 차리고 있다. 환자와 보호자가 격한 감정 속에 뒤집히고 있을 때, 의사는 그들의 중심을 잡아줘야 한다. 그들과 공감하지만 눈물을 흘리기 위해 눈을 감고 있어서는 안 된다. 후회 없는 치료를 만들어 주는 자가 바로 좋은 의사다.

Q1
의사로서
실수할 때도 있나요?

의사도 실수할 때가 있다. 환자의 모든 처방권은 의사에게 있기 때문에 많은 환자들의 처방을 내리다 보면 실수하는 경우가 간혹 생긴다. 그래서 평소와는 달리 일반적이지 않은 처방이 있다면 팀 내의 다른 직군이 실수를 지적하는 경우가 있다. 간호사나 약사가 그 예이다. 이렇게 실수를 지적당하면 다행이다. 의사가 곧바로 실수를 교정하고 환자에게 해가 감을 미리 막을 수 있기 때문이다.

사람들이 흔히 생각하는 의사의 실수는 아마도 오진일 것이다. 잘못 진찰해 잘못 치료한 경우다. 하지만 사실 오진이 처음부터 오진임을 알기는 쉽지 않다. 왼편 다리가 아픈데 오른편 다리를 절단했다던가 하는 명백한 실수가 아닌 다음에야 말이다. 의료에 정답지는 없으며 모든 의사는 합리적인 추론의 과정을 밟는다. 처음 진단을 내린 의사에게도 그에게 주어진 증거에 맞게 내린 결론의 근거가 있다. 만일 잘못된 진단이라면 시간이 한참 지난 다음에서야 알 수 있게 된다.

의사들은 혹시나 자기 진료에 실수는 없었는지, 더 나은 치료를 할 수는 없었는지에 관심이 많다. 따라서 사망한 환자들의 케이스를 가지고 회의를 하곤 한다. 환자의 진단 치료와 관련한 모든 과가 다 모이는 '모털리티 콘퍼런스Mortality Conference' 라는 회의다. 대개의 경우 서로 간에 살벌하게 몰아붙여 간이 쪼그라들 것만 같은 분위기다. 하지만 다들 대의에 의해 모였기에 서로에게 서운한 감정을 갖지는 않는다.

의사가 오진하면 재판을 받기도 하고 일부는 실형을 선고받는다. 최근에는 나름의 판단으로 적절한 의료행위가 있었음에도 처벌이 너무 가혹하다 느껴지는 논란 속 일련의 사건들이 있었다. 현대 의학의 한계를 인정하지 않고 의사에게 완벽만을 요구해 기를 꺾는다는 회의감이 고개를 들고 있다. 환자와 의사, 사회 모두에게 안타까운 일이 아닐 수 없다.

Q2
진료하며 언제 가장
보람을 느끼나요?

의사로 일하면서 보람을 느끼는 경우는 너무나도 많다. 환자를 살려낼 때의 기분은 형용할 수가 없다. 직업으로서 가장 큰 장점이다.

최근 감기에 걸려 속이 너무 쓰리다는 환자가 왔다. 당뇨병이 있던 노년의 남자 환자였다. 증상도 몸살 같은 느낌이어서 감기라고 생각하고 귀가조치를 하려 했는데 이상한 느낌이 들었다. 맥을 재보니 굉장히 빨리 뛰었고 이상해서 심전도를 촬영했다. 결과는 심근경색이었다. 초응급 상황이었으나 보호자가 오기까지 시간이 오래 걸린다고 했다. 구급차를 부르고 보호자가 없기에 할 수 없이 병원 문까지 닫고 필자가 동행했다. 환자의 혈압이 자꾸 떨어졌고, 심인성 쇼크 상황이어서 수액을 달았다. 수액 용량도 필자가 정했고 인계할 때까지 상황을 지도했다.

그런데도 환자는 구급차에 오르기 전까지 본인이 가져온 자전거를 타고 아내와 같이 응급실에 가겠다고 우겼다. 얼마나 응급 상황인지 잘 모르는 것이다. 정말 강하게 주장해도 "안 된다"고 말해줄 수 있는 사람이 의사다. 환자는 나중에 살아나더라도 의사가 어떤 결정을 했는지 모를 수도 있다. 자기

목숨을 살렸어도 진짜 그랬는지 환자는 모른다. 그저 감기인데 의사가 과하게 반응한다고 생각할 수도 있다. 하지만 의사는 안다. 자기가 살렸다는 사실을 말이다.

의사가 진료하면서 환자에게 고맙다는 말을 들을 수도 있고 그렇지 않을 수도 있다. 고맙다는 말을 들으면 굉장히 기분이 좋다. 그날 하루는 입이 귀에 걸린다. 의사는 비록 해야 하는 일을 하지만 일하면서 고맙다는 말을 많이 듣는다. 남에게 고맙다는 말을 이렇게 많이 들을 수 있는 직업이 그렇게 많지 않을 것 같다. 내가 하는 일만 열심히 해도 경제적으로 문제없고 고맙다는 말까지 들을 수 있다면 그것만큼 괜찮은 일이 어디 있겠는가.

그렇기 때문에 요즘 의사가 돈만 밝히는 사람들이라고 매도당하는 현실은 다소 오해가 있다고 본다. 적어도 나와 내 동료들은 그런 사람들이 아니다. 기본적으로 나쁜 의사는 거의 없고 그들의 본성은 환자를 살리는 신성한 의업에 더 끌린다는 이야기다. 우리는 많은 의사들이 미용이나 비급여항목의 진료에 빠지는 모습을 본다. 소위 돈이 되어서 그 진료를 한다고는 하지만 적어도 6년의 힘든 의대 공부를 마친 그 수많은 의사들이 비급여 진료를 하는 건 그들의 본성을 거스르는 행동이라 본다. 다들 의미 있는 일을 하며 인정받고 살고 싶지 않겠는가. 그럼에도 이런 사회적 현상이 발생하는 데는 복합적인 여러 이유가 숨어 있다. 정책 실행자들은 의사를 감시하며 옥죄지 말고, 의사들이 필수 의료에 남을 수 있도록 격려해야 한다고 생각한다.

반대로 가장 힘들었던
진료가 있나요?

스웨덴의 한 의사가 밴드를 결성해 노래 하나로 유명해졌다. 제목은 'Never google your symptoms 증상 좀 인터넷에 검색하지 마세요' 이다. 2년 전 유튜브에 올라와 2021년 기준 440만 회 조회 수를 기록할 만큼 엄청난 인기다. 아마도 의사들은 헛웃음을 터 뜨릴 그럴 문구다. 노래 제목처럼 요즘 환자들은 검색으로 자기 병에 대해 어느 정도의 답을 내고 의사를 찾아온다. 의사와 상의만 하면 괜찮은데 본인이 낸 답을 가지고 의사를 설득하려 들면 힘들어진다.

인터넷에는 많은 정보가 있다. 양질의 정보도 많은 한편 쓰레기 정보도 많다. 엄밀히 따지면 쓰레기 정보가 조금 더 많은 듯하다. 문제는 정보의 좋고 나쁨을 환자들은 잘 구분하지 못한다. 인터넷에는 '거짓 선지자들'이 많다. 의료인도 있고 유사의료인도 있다. 이들은 주목받기 위해 인터넷에 거짓 정보를 늘어놓는다. 환자들은 이들의 말에 혹해 진리라고 믿고 따라간다.

혈압약을 먹어야 하는 환자임에도 "혈압약을 먹기 시작하면 끊기가 어렵단 걸 안다"며 끝끝내 치료를 거부하는 모습은 매우 안타깝다. 물론 만성질환 환자가 매일매일 약을 먹어야 하는 자괴감이 이해는 간다. 이들은 선후 관계를 잘못 이해하여 나쁜 선택을 한다. 고혈압약을 한 번 먹으면 평생 먹게 되는 게 아니라, 혈압이 높은 경우가 있으면 안 되고 결국에는 약을 쓰지 않고는 혈압이 낮아지지 않으니 투약을 하는 것이다. 이들의 선택은 오해해서 비롯되었고, 오해는 당연히 '거짓 선지자들'이 제공한 정보에서 왔다.

의사는 하루 종일 수 많은 환자를 본다. 그래서 이런 환자 한 명 한 명을 위한 시간을 내기가 어렵다. 환자를 설득하다 보면 진이 다 빠진다. 물론 전인치료의 개념으로 이들이 거부감을 느끼지 않을 정도의 심리적 장벽을 거두고 천천히 설득도 할 수 있어야 한다. 하지만 우리나라 의료의 현실이 녹록하지는 않다.

얼마 전 부정맥이 의심되는 환자에게 심전도를 권유했다. 부정맥은 갑자기 심장을 힘들게 해 급사할 확률이 있다. 심전도는 몇천 원 정도의 굉장히 저렴한 검사다. 그런데 정작 걱정해야 할 환자 본인은 심전도를 하지 않겠다고 버텼다. "심전도라는 그 검사 이름이 기분이 나쁘다"라는 이상한 근거였다. 이야기를 나누다 보니 의사가 과잉진료를 한다는 불신이 있어 보였다. 하다못해 "검사 비용 굉장히 저렴하다"라고 하니 솔깃 하는 듯하다가 "내가 돈이 없는 줄 아냐?"며 갑자기 화를 냈다. 몸에 해가 가지도 않는 저렴한 검사 하나를 설득하는데 온 진이 다 빠졌다. 결국 그 환자 덕에 그날 오전 진료 전체가 힘에 부쳤다.

물에 빠진 사람을 구했는데 보따리 내놓으라는 식의 환자도 의사를 힘들게 한다. 한 의사 선생님 홈페이지에 쓰인 글을 빌자면, 치료 후에도 증상이 일부 남은 한 환자가 "나는 100% 완치되는 줄 알고 치료를 받았다. 만일 그렇지 않았다면 치료를 시작도 안 했을 것이다. 내가 미쳤다고 완치의 보장도 없는데 그 돈을 들여서 치료를 받았겠느냐"고 말했다고 한다. 그 선생님은 "어떤 경우에든 의사는 최선을 다해야 한다는 기본적인 소명의식과 가치관에 의문을 던지게 하는 환자였다"고 적었다.

필자도 그런 적이 있었다. 레지던트 때 거의 죽어가는 중환자를 보게 되었다. 중환자실 당직을 서면서 이 한 명을 살리기 위해 한시도 자지 않고 일했다. 끊임없이 증상을 보고 반응을 관찰했다. 거의 죽어 들어온 환자가 아침에는 살아 있었다. 회진 때 기분이 좋았다. 보호자가 당연히 고마워할 줄 알았다. 순진한 착각이었다. 보호자들은 입원 당시에 원무과에서 "선택진료 교수 앞으로 입원 안 시키기로 했는데 왜 선택진료 교수로 되어 있느냐"고 따지면서 "당신들에게 사기당한 기분"이라고 덧붙였다. 행정적인 문제는 있을지언정, 환자를 살린 의사에게 "사기꾼"이라는 말을 아무렇지도 않게 하는 보호자에 깊은 환멸을 느꼈다. 고마워할 줄 모르는 이들은 의사에게 큰 상처를 준다.

얼마 전 응급실에 관한 다큐멘터리를 본 적이 있다. 보호자는 응급의학과 의사에게 "이렇게 산 것도 아니고 죽은 것도 아닌 상태를 만들 거면 어제 왜 살려냈냐"고 따졌다. 응급상황에서 의사가 최선을 다해 살려 놨는데 막상 보호자는 결과가 만족스럽지 않은 듯했다. 의사는 "어제는 살려달라고 울면서 부탁하지 않으셨냐"고 대답하면서 "저는 의사로서 부끄럽지 않아요"라고 했다. 보호자는 되려 의사에게 "부끄러운 줄 알아야지"라고 소리를 질렀다.

위 장면은 굉장히 유명해서 인터넷 이곳저곳에 사진으로 떠돌아다닌다. 사람들은 보호자의 모습에 충격을 받았겠지만 의사들에게 사실 이런 일은 흔한 편이다. 상처도 받지만 그래도 너무 많으니 어느 정도는 무뎌진다. 무엇보다 의사에겐 상처를 주는 이들보다 보람을 느끼게 하는 환자들이 훨씬 더 많다. 그래서 의사는 오늘을 버틸 수 있게 된다.

Q4

의사가 되고 난 뒤
후회한 적이 있나요?

의사가 된 첫 달 무지막지한 후회를 했다. 태어나서 가장 큰 자괴감들은 그때 다 몰려왔던 것 같다. 막 발행된 면허증 잉크가 다 마르기도 전 내가 받은 환자가 죽었다. 충격에서 벗어나기도 전 오열하는 보호자들과 함께 다른 환자가 바퀴 달린 침대에 누워 미끄러져 들어왔다. 무슨 일인지 파악하지도 못했는데 다른 일들이 쏟아지고, 꾸역꾸역 해내면 당연하다는 듯 모르는 업무가 기다리고 있었다. 환자 한 명 한 명이 모두 심각해 그 어느 하나도 대충 넘어가기 어려웠다.

하루 서너 시간만 자고 매일 버티려니 극심한 피로가 몸에 깔려있었다. 당연히 집중하기란 어려웠다. 그래도 잠들 수는 없었다. 주변에서 끊임없이 고성과 욕설이 들려왔기 때문이다. 수술방과 응급실을 왕복하다 보면 그곳에서 일하는 모든 사람들이 몹시 화가 난 광경만을 보게 된다. 환자도 보호자도 의사도 간호사도 전부 화가 나 있다. 그저 긴장한 모습뿐일지도 모른다. 어쩌면 내가 화나서 그렇게 느꼈는지도 모른다. 극심한 감정 상태의 덩어리들에 끝없이 짓눌려 있어야 할 시간이었다.

거의 매일 퇴근도 없이 일했다. 그래도 처음이니 당연히 힘들지 않겠나 생각하며 버텼다. 무엇보다 불평할 수 없는 이유는 선배 레지던트 때문이었다. 현실을 깨고 도망치고 싶은 생각이 든 순간, 그가 일하는 모습이 보였다. 나보다 늦게 자고, 일찍 일어나 환자를 보고 있었다. 하루 두 시간도 안 자는 것 같았다. 젊어서 버틸 수 있었겠지만 젊은 사람이라고 그 힘든 일을 계속하는 건 쉬운 일은 아니다.

이후로도 몇 번 의사가 됨을 후회한 적이 있었다. 대개는 극심한 업무량 때문이었지만, 환자의 급작스러운 죽음을 겪고도 그런 적이 있었다. 열심히 살리려 했는데 갑자기 떠나면 더욱 그런 마음이 든다. 이제 종합병원을 떠나 내과 의원에서 외래 환자만을 보니 그런 경험을 하지 않게 된 지 오래지만, 여전히 환자를 떠나 보낸 그때의 아픔이 너무 강하게 남아 있다. 그럴 때마다 내과를 떠나고 싶다는 생각을 자주 했다. 사람의 95% 이상은 내과에서 죽는다.

한번은 전염병이 주제인 연극을 보다가 의사역을 맡은 배우가 "나도 너를 살리고 싶었어!"라고 말하는 장면을 보고 감정이 이입되어 허리를 접고 운 적이 있다. 아내는 극장 한가운데서 어쩔 줄 몰라 하며 내 등을 토닥였다. 죽음과 삶 사이에서 끝없이 씨름하기를 업으로 삼으신, 동료 의사 선생님들이 사뭇 대단하게 느껴진다.

Q5
기억에 남는 진료
혹은 환자가 있나요?

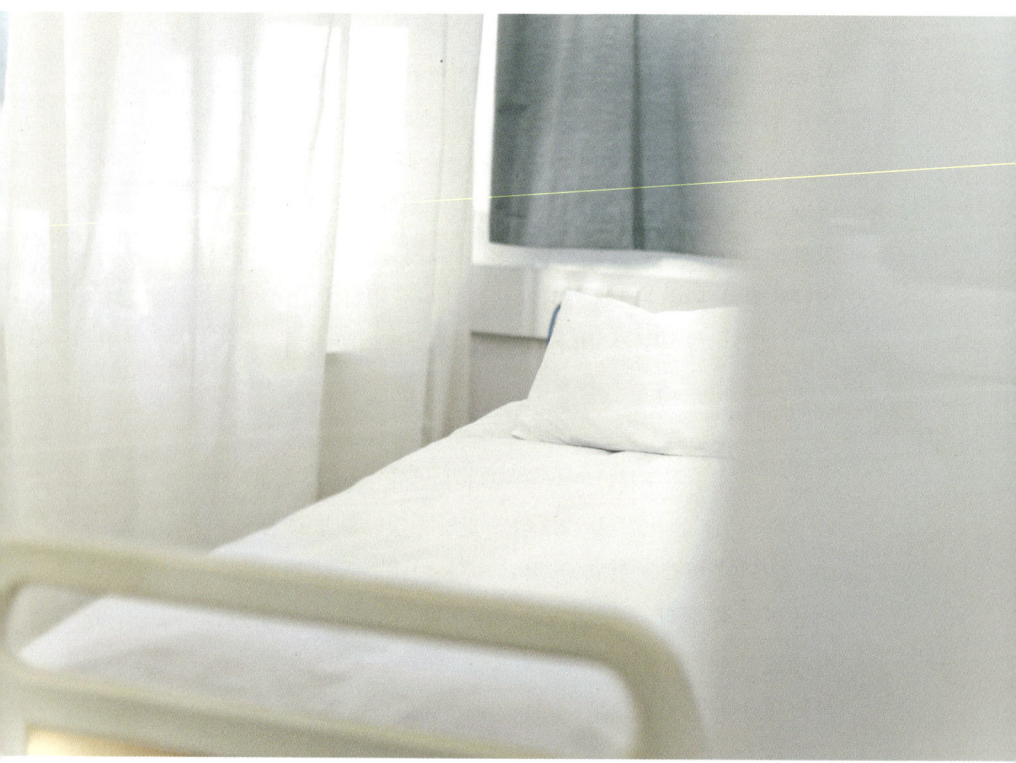

모든 의사가 그렇듯 필자도 평생 기억에 남을 만한 환자가 있다. 환자의 프라이버시 때문에라도 자세히 언급하지 못함을 용서해주길 바란다.

젊은 환자였다. 중병을 앓았고, 살아났으나 거대한 후유증을 안게 되었다. 나보다도 어리고, 외모마저도 아름다운 젊은이가 큰 병을 갖게 된 사실 자체가 큰 충격이었다. 그래서 그의 병실을 자주 찾아 안부를 물었고, 다음 담당자에게 넘기면서 작별인사와 기도를 해줬다.

그리고 몇 년이 지나 필자는 개원을 했고, 그를 완전히 잊고 있었다. 그런데 병원에 아는 얼굴의 환자가 나를 찾아왔다. 그 젊은 환자의 모친이었다. 그녀는 과거 병원에서 해준 내 기도가 생각나 찾아왔다고 했다. 그녀를 통해 환자의 소식을 들을 수 있었는데 다행히 서서히 회복 중이었고, 이제는 자립할 수 있을 정도라는 희소식을 전해 들었다. 그러나 환자의 아버지는 매일을 고통에 살다 암 진단을 받았고, 몇 달 후 사망했다고 한다. 환자의 어머니 역시 건강이 나빠짐을 느꼈다. 진단은 심한 당뇨병이었다.

운명처럼 찾아온 젊은 사람의 병마는 온 가족을 송두리째 병의 구렁텅이로 끌고 들어간 악마였다. 그럼에도 감사하고 살 수 있는 사람은 얼마나 있을까. 내게 큰 불행이 닥쳤을 때 나는 긍정의 힘을 갖고 버텨낼 수 있을까. 조금만 생각해 봐도 입 끝을 쓰게 만드는 고통스러운 기억의 환자다.

Q6
의사로서
가장 기분 좋은 일은 무엇인가요?

환자와의 관계에서 "고맙다"는 말을 들을 때, 의사는 기분이 좋다. 하지만 의사는 환자가 감사해 하더라도 그걸로 본인을 스스로 괜찮은 의사라고 인정하지는 않는다. 의사는 환자가 호전되지 않으면 자기를 인정하지 않는다. 환자의 호전은 의사에게 이견이 없는 기분 좋음이요, 자기를 높여주는 힘이다.

의사는 긴 시간 병에 대해 공부한다. 병의 이름들과 현상, 치료제와 그 원리를 한 번씩만 훑어도 긴 시간이 걸린다. 적과 적의 생활, 내 무기의 쓰임새와 가치를 속속들이 알고 나면 그제야 전투에 나가게 된다. 공부의 과정은 반복 또 반복이다. 배우고 잊고 배우고 잊는 건 모든 의대생들에게 있는 일이다. 한 선배는 "밑 빠진 독에 물을 계속 주다 보면 왠지 알 수는 없지만 콩나물이 자란다"고 했다. 의사들은 그렇게 힘들게 공부해서 의대를 졸업한다.

의사는 자신의 치료로 환자가 낫는 모습을 볼 때 가장 행복하다. 너무 좋아서 고난의 시간에 대한 대가로 느껴지기까지 한다. 방대한 지식 습득과 고통스러운 수련이 한 사람의 의사를 만들어 낸다. 의사는 병에 맞선 한 명의 전사다. 전사는 항상 이기고자 한다. 전사는 적을 쓰러뜨릴 때 기쁨을 느낀다. 강한 적이라면 더더욱 그렇다.

2 의사로
산다는 건

의대생일 때 아프리카에 의료 봉사를 간 적이 있다. 끝도 없이 펼쳐진 우간다의 지평선은 압도적이었다. 국토의 70%가 산지인 우리나라의 자연과는 다른 자연의 매력이 있었다. 평야를 바라보고 있노라면 자주 감상에 빠졌다. 대자연이 나를 겸손하게 하고, 인생을 왜 사느냐 강한 어조로 질문했기 때문이다.

나와 같은 표정을 하고 평야를 바라보던 전문의 선생님이 한 분 있었다. 중년이지만 얼굴선이 굵고 덩치가 큰 미남 수술의였다. 아직 의대생 신분이던 필자가 바라본 그의 어깨는 매우 넓어 보였다. 게다가 그는 의료 봉사단 중에서도 많은 환자를 보고 있어 중요한 인물이었다. 말하자면 모든 일의 최종 결정자였다. 모두가 그에게 묻고 나서야 결론이 지어질 수 있었다. 자기 전문분야를 알고 책임지며 거침없이 중대한 결정들을 내리는 모습, 그야말로 멋진 의사의 전형이었다.

땅끝을 멍하니 바라보는 그의 눈에서 알 수 없는 감정이 느껴졌다. 진료실에서 봤던 매섭고 또 날카로웠던 모습은 어디에도 없었다. 가늘어진 눈매, 가볍게 떨리는 눈가가 이상하게도

130

슬퍼 보였다. 금방이라도 울 것 같은 눈과 긴 속눈썹 끝에 달라붙어 끝내 떨어지지 않는 흙먼지가 대조적이었다. 왜 그랬는지 모르겠지만, 나는 친하지도 편하지도 않던 그에게 당돌한 질문을 던졌다.

"선생님, 의사로 산다는 의미는 어떤 건가요?"

그는 재미있는 질문을 받았다는 듯 고개를 돌려 씩 웃어 보였다. 그러나 곧바로 대답은 하지 않았다. 그의 표정을 읽으니, 뭐라 대답할지 알 것만 같았다. 나는 궁금함을 참지 못하고 바로 다음 질문을 던졌다.

"혹시 많이 외롭지는 않나요?"

그는 '하!' 소리를 내며 입을 벌려 웃어 보였다. 그리고 "너, 생각을 참 많이 했구나"라는 대답을 해주었다.

진료하면서 병명이
명확하지 않을 땐 어떻게 하나요?

의사가 진단하는 과정은 해답이 없는 문제를 푸는 것과 같다. 출제자가 없기에 확진은 언제나 부담스러운 일이다. 우리는 현대 의학에서 병으로 규정되어 있는 범주 내에서 진단할 뿐이다. 병의 생리를 알고 있는 병은 진단명이 명확할 수밖에 없다. 하지만 병태생리를 모르는 수많은 병들은 증상으로 묶어 이해하기도 한다. 그렇게 해서 나온 병명을 현대 의학에서는 '증후군Syndrome'이라고 한다.

가끔 환자들이 종합병원에서 "xx병을 확진 받았다"며 오는 경우가 있다. 상급병원에는 많은 진단 도구들이 있기에 대개는 그렇다. 하지만 꼭 그렇지 않은 경우에도 환자들은 상급병원의 진단을 확진으로 알아듣는다. 말하자면 진실을 권위에 의존해 이해하는 방식이다. 안타깝게도 의사는 자신이 본 증거가 아니라면 완전히 믿지 않는다.

의학적 추론의 과정에 여러 가지가 있지만 몇 가지만 소개해보겠다. 일단 병태생리를 알고 있는 병이 하나 있다면, 그 병임을 지칭하는 여러 증거가 환자에게 발현되었음을 알아채야한다. 그래서 예닐곱의 증상 및 검사결과가 그 병임을 가리키면 환자에게 진단을 내릴 수 있다.

하지만 환자에게 항상 전형적인 증상이 발현되지 않기도 한다. 그럴 때 의사들은 배제진단을 통해 진단명을 추론한다. 예를 들면 환자가 복통을 호소하며 내원했다면 위치를 만져보고, 열이 나는지 보고, 식사와 연관이 있는지 등을 보며 아닌 것 같은 병명들을 제치는 과정을 통해 진단한다. 결국 마지막 하나 남는 병이 진단명이다. 이를 '배제상병'이라고 한다.

배제상병도 깔끔하게 남지 않는 경우가 있다. 의사들끼리 다른 추론을 내리는 경우는 배제진단을 내리는 과정에서 서로 다른 증거를 목격함에서 온다. 환자가 다르게 이야기할 수도 있고, 본인이 목격한 증거를 다르게 해석해 판단할 수도 있다. 이 경우라면 확진이 될 수 없고, 의심되는 증거를 통한 진단명이라 하여 '의증'이라 한다.

진단명이 확실하지 않아도 치료는 한다. 의학적 상황에서 치료를 급하게 해야 하는 경우는 언제나 존재한다. 실험 중이라면 답이 나올 때까지 기다리겠지만, 상대는 살아 있는 사람이다. 게다가 고통받고 있다. 이럴 때 '경험적 치료'를 시행한다. 환자에게 실보다 득이 더 큰, 확실히 알지는 못하지만 환자에게 이득이 될 수 있는 치료를 골라 한다.

내과의 경우를 예로 들어보자. 환자가 폐렴으로 입원해도 우리는 정확히 무슨 균인지 알지 못한다. 어떤 균인지에 따라 쓸 수 있는 항생제가 달라지기 때문에 약제 선택은 항상 신중 해야 한다. 가래 검사 등 배양검사 결과 확인까지는 3일 정도 걸리는데, 그동안 경험적 치료를 시행하는 것이다. 반드시 균에 맞춤형 항생제는 아니더라도 두루두루 많은 균들을 커버할 수 있는 항생제를 고른다. 당연히 증상 조절을 위한 수액도 맞추고 해열제도 넣는다. 환자에게는 폐렴균 확인까지 3일이나 고통받을 이유가 없다.

의학은 과학의 옷을 입고 있지만 엄밀하게 보면 그렇지 않다. 살아 있는 환자에게 피험체의 길을 강요할 수는 없다. 확실하지 않은 진단이지만 의사의 경험에서 특정 치료를 권유하게 되는 경우도 있다. 그럴 때는 환자를 설득하고 믿음에 기초한 협력관계가 되어야 한다. 이런 진단-치료의 모습은 차가운 텍스트 속 의학적 상황과 대조적으로 보인다. 때로는 이 모습이 아름다워 보이기까지 한다.

Q2

매일 아픈 사람을 만난다는 건
어떤 의미인가요?

의사 일을 하다 보면 가끔은 지칠 때가 있다. 아픈 이들의 본질은 고통이 있는 자들이다. 잘 참는 사람이든 그렇지 않든 각기 다른 방법으로 증상을 호소한다. 아픈 감정은 부정적이다. 하루 종일 신음하는 소리를 듣고 있기란 여간 어려운 게 아니다. 가끔은 조금 긍정적인 면이 부각되는 직업이었으면 좀 더 좋지 않을까 하는 생각을 한다.

하루에도 수십 번 남들 아픈 이야기를 듣고 있으면 결국 피로가 찾아온다. 따라서 환자와의 공감도 좋지만 매번 그럴 수는 없다. 결국 다들 나름대로 탈출할 방법을 찾아낸다. 필자는 평소 지나치게 공감을 많이 하는 성격이라, 공감하는 성격을 조금씩 억누르고 있는데 덕분에 피로도가 많이 줄어들었다.

Q3

의사는 언제 쉬나요?

바쁜 의사들이지만 쉴 시간이 아예 없지는 않다. 전문의 자격증을 취득하게 되면 대개 의사들은 자기 전문분야에 집중하며 나름 쉬는 시간을 낼 수 있다. 당직이 잦은 전문의들도 긴 시간 동안 쉬는 시간을 갖는 경우가 많아서 계속해서 피로한 상태로 지내지는 않는다.

전공의인턴, 레지던트들은 조금 피곤할 수 있다. 지금은 전공의 특별법 덕에 많이 좋아졌지만 필자가 전공의를 할 때는 정말 긴 시간 동안 일을 했다. 더 선배 의사 때는 전공의들의 근무조건은 살인적이었다. 그들은 아예 퇴근 없이 일하는 경우가 허다했다고 알려진다.

지금은 4주 기준 최대 80시간, 교육목적으로 8시간 추가 가능한 특별법이 제정되어 시행되고 있다. 연속근무는 36시간응급상황 발생 시 40시간을 초과하지 못하고, 연속수련을 하면 최소 10시간의 휴식시간을 보장한다. 필자가 수련을 받을 때도 이 법이 있기는 했지만 자발적으로 일을 더 하곤 했다. '그래도 어떻게 환자를 버리고 가냐'는 대의가 있어서다. 칼퇴근을 하면 다들 자기 일이 아직 다 끝나지 않았는데 간다며 부덕하게들 바라보는 시선이 불편할 수밖에 없다. 본인 스스로 그런 기분이 들 테고 말이다.

칼퇴근이 현실적으로 불가능하기도 했다. 보통 교수와 전공의는 같이 회진을 돈다_{전공의는 하루 종일 있었던 환자의 증상 및 소식을 저녁 회진 때. 밤 동안 발생한 일을 아침 회진 때 교수에게 보고한다}. 전공의 특별법을 따르면 36시간을 초과 근무를 할 수 없다. 그런데 아침저녁 회진을 다 돌면 이를 초과할 가능성이 높다. 아침 6시와 저녁 6시에 회진일 경우 첫째 날 당직을 서면 다음 날 저녁 6시 회진은 참여를 못 할 가능성도 있다. 그런데 레지던트가 저녁 회진을 교수와 같이 못 도는 문제는 매우 심각한 것이다. 전공의는 낮 동안 환자를 돌보며 시시콜콜한 정보를 모두 갖고 있는데 전달을 못 하게 된다. 그런데 퇴근이 강제되면서 그런 정보들의 유실 가능성이 생긴다.

그렇다고 전공의에게 초과 근무를 시키기도 어렵다. 어렵게 정착한 전공의 특별법이다. 병원들은 계속 꼼수로 이 법을 피해 다니며 전공의에게 과다업무를 부여했다. 하지만 이제 사회통념 상 피할 수 있는 분위기는 아니다. 후배 의사들에게 들려오는 말로는 여러 장치들을 통해 두 마리 토끼를 모두 잡는 시도가 이뤄지고 있다고 한다.

137

쉴 땐 보통
무엇을 하나요?

의사라고 특별히 쉬는 방법이 다르지는 않다. 필자도 여느 사람들처럼 쉴 때는 잠을 자거나 TV를 본다. 운동하기도 하고 친구들과 만나기도 한다. 다만 쉼의 질이 의사마다 다르기는 하다. 쉬는 날까지 환자를 보는 의사들이 있는가 하면, 그렇지 않은 의사도 있다. 입원환자를 많이 보던 시절 필자는 일요일에도 주말 동안 환자가 나빠지지는 않을지 걱정되어 전전긍긍했다. 그래서 일요일에도 하루 세 번 병원에 전화를 걸어 환자 상태를 파악한 기억이 있다.

지금은 그렇지 않다. 현재 개원을 했고 개원 의원에는 입원실이 없어서 퇴근한 후에는 남아 있는 숙제가 없다. 하루 종일 힘들게 환자를 봐도 퇴근 시간은 언제나 홀가분해 좋다. 오늘 하루를 잘 마친 데 감사하며 즐겁게 귀가한다. 물론 개원의에게도 쉬면서 고민은 있다. 직원 채용 문제, 시설 관리 문제, 조직 내 서비스 질 관리 문제 등 자영업자에게 오는 숙제들이다. 집에 와서 아내와 밤늦게까지 이야기를 나누면 8할 이상은 병원 이야기를 한다. 사실, 마음을 완전히 풀어 놓고 쉬기란 쉽지 않다. 만일 그런 의사가 있다면 그저 부럽기만 하다. 그의 비결을 따라 해 비슷하게라도 살고 싶다.

Q5

의사로서 받는 스트레스는
어떤 게 있나요?

모든 직업군의 가장 큰 스트레스는 '일이 생각한 대로 잘 풀리지 않는 상황'이지 않을까? 직업 자체를 소명으로 여기는 의사들은 그 경향이 더 강하다. 의사를 하나의 직업으로 단순히 생각해 보면 역시 '환자가 잘못되는 일'이 가장 큰 스트레스다. 의료행위 중 발생하는 실수 등이 문제가 되었다면 그것이야말로 큰 스트레스겠지만, 최선의 치료를 현재 다 하고 있고 알고 있는 한 문제가 없는데도 환자의 호전 양상이 더딘 경우도 많다. 많은 임상의들이 겪고 있는 문제이며 어떻게든 해결하려고 하지만 답보 상태이기도 쉽다.

그래서 비록 과학을 좋아하고 찬양까지 하는 경향까지도 있던 이과생 출신 의사들이 종교에 귀의하는 게 아닌가 싶다. 지식의 한계를 느끼며 한숨지었던 파우스트처럼 의사들도 자기 지식의 한계를 느낄 때 신의 존재를 인정하지 않을까 생각해 본다.

일하면서 받는 스트레스는
어떻게 해소하나요?

의사마다 받는 스트레스는 전공 과별로 다를 테고, 일하는 조직에 따라도 천차만별이 아닐까. 스트레스의 종류도 다르고 푸는 방식도 저마다의 길이 있다. 의사들도 다른 사람들과 마찬가지로 보통은 운동이나 사회 활동, TV 등을 보는 등으로 해결한다. 그렇지 않은 사람도 있기는 하다. 일에서 오는 부담은 일로 해결한다는 사람들이다. 그런 경우 일을 더 열심히 하는데, 세상에 아픈 사람은 너무 많기 때문에 일이 없을까 봐 걱정은 없다. 필자도 전문의 시험공부를 하며 스트레스를 받을 때면 중환자실로 갔다. 거기서 아래 년 차 전공의 일을 돕고 오면 마음이 편해지고는 했다.

그렇다면 누구와 해결할까. 혼자 해결한다면 가장 좋겠지만 쉽지 않다. 의사들 마음은 의사가 잘 안다고 보통은 의사들끼리 해결한다. 의사들끼리 운동을 하거나 술자리를 갖는다. 필자도 의사들끼리 만날 기회가 잦은 편인데, 가끔은 조금 지겹다는 생각이 들어 비의료인과 만나보기도 했지만 관계 유지가 쉽지 않았다. 보통 친구 사이라도 관계를 맺는 자체에서 오는 스트레스가 있다. 비의료인들은 그 정도가 더 심했기에 보통은 의사들과만 만나게 된다.

많은 젊은 의사들은 인터넷을 통해 스트레스를 푸는 것으로 보인다. 의사들의 익명 게시판을 보면 적잖은 의사들이 날것의 언어로 환기ventilation, 자기감정을 자유롭게 분출하는 행위하며 마음을 달랜다. 또는 페이스북 같은 사회관계망서비스SNS에 글을 올린다. 악성 댓글도 있지만 공감해 주는 말들은 의사에게 위안을 준다. 한편, 의사 부부들은 그런 일이 별로 필요하지 않다고들 한다. 부부간의 대화로 다 해결되기 때문이다. 필자의 한 의사 친구는 "부부 사이는 그저 그런데 일 때문에 받는 스트레스를 서로 이해하니까 그거 하나는 진짜 좋다"고 말했다.

의사에게 스트레스란 역시 일에서 오는 경우가 제일 많고, 그런 일을 이해해 주는 이가 있을 때 해소되는 게 아닐까 생각한다.

의사에 대한
모든 것

의사에 대한 사람들의 편견이 많다. 일부는 그럴 법하기도 하고, 어이없을 정도로 거리가 있는 생각들도 있다. 의사는 돈을 많이 번다, 최고의 결혼 상대다, 권력의 중심이다, 환자를 대상으로 실험한다, 제약회사와 짜고 모종의 음모를 꾸미기도 한다, 병원 내 권력 암투가 있다 등이 그런 생각들이다.

대개는 자극적인 스토리가 주를 이루는 메디컬 드라마가 만들어 낸 환상이다. 의사가 되어도 특별한 현실은 없다. 자기 전문성을 갖고 있으니 자존심이 좀 세고, 자기들끼리 소통하는 게 편하니 다소 폐쇄적인 것 말고는 여느 직업인과 다를 게 없다.

필자도 가끔은 의사가 되었음을 후회하기도 한다. 생각보다 의업에 대단한 명예는 없었고, 멋이 철철 넘치지도 않았다. 이렇게까지 젊음과 건강을 갈아 넣어야 하는 일인지도 몰랐다. 사람 만나기를 좋아하지만 가끔은 너무 힘들어 조금 덜 만나고 싶다는 생각도 한다.

의사를 꿈꾼다면 너무 환상을 가지지는 말자. 의사는 슈퍼맨

이 아니라 한 명의 직업인이다. 직업에 다소 특수성은 있지만 열심히 공부하고 일하다 보면 인정받는 당연한 성격을 지녔다. 이 일에 대단한 권력은 없으며, 큰돈도 없고, 그렇게까지 매력적으로 보이지도 않는다 가끔 보이는 그런 의사들은 원래 매력이 충만한 분들이다.

의사가 되기 위해 노력하다 보면 자기 개성이 많이 사라진다. 살다 보면 어느새 일 자체가 나 자신이 된다. 사람에 따라 그런 자기 모습을 좋아하기도, 딱하게 생각하기도 한다. 당연하겠지만 업무 적합도가 높을수록 자기 모습에 만족해하는 편이다. 따라서 본인이 원하는 과를 전공하는 것이 좋다. 원치 않는 과를 높은 돈 때문에 쫓아가면 변해버린 자기를 보며 평생 고통받을 가능성이 높다.

Q1
하루 근무시간은
얼마나 되나요?

의사는 하루 종일 긴 시간 일한다. 근무시간이 짧은 의사는 거의 없다고 봐도 된다. 필자의 경우 아침 6시에 일어나서 아침 8시 반부터 저녁 6시 반까지 일한다. 점심시간은 1시간 정도이지만 이마저도 보장받지 못한다. 점심시간 전후로 환자들이 찾아오면 급할 때는 쉬는 시간을 줄여가며 진료를 봐야 하기 때문이다. 그래서 하루에 9시간 넘게 일을 하는 경우가 허다하다. 환자가 너무 많이 몰리면 화장실에 갈 시간조차도 없다.

나만 그런 게 아니다. 수술방에서 일하는 외과 의사들도 수술과 외래를 동시에 진행을 하는데 수술방에 들어가 하는 동안은 당연히 밖에 나올 수가 없고 외래를 보는 동안도 바쁘다. 수술방에 있으면 긴 시간 동안 몸을 쓰기 때문에 여러모로 힘들다.

대학병원에서 일하거나 요양병원 같은 곳에서 일한다면 다른 면에서 또 힘들다. 당직근무가 있기 때문이다. 정규시간이 아닌 밤에 환자를 보는 것이다. 의사의 당직근무는 타 직종과는 조금 다르다. 더 힘들다는 점에서다. 타 직종의 업무를 무시하는 것은 아니지만 의업은 기본적으로 생명을 다루는 직업이기 때문에 고도의 집중력을 가지고 당직을 서지 않으면 안 된다.

밤을 새우면 다음 날 쉬어야 하는데 이마저도 쉽지 않은 경우가 많다. 보통 "나 오늘 근무 오프Off야"라고 하면 직장인들은 아예 쉬는 날을 말한다. 하지만 의사에게 오프란 정상 퇴근하는 날이다. 레지던트 때 한정적인 이야기이겠지만 나는 40시간 연속근무를 하기도 했다. 아침에 출근해서 하루 종일 근무를 하고 일과가 끝나면 당직을 서고, 다음 날 밤 10시까지 근무를 했다. 지금은 전공의 특별법이 생겨서 그렇게까지 장시간 일하는 경우는 없다. 그때는 환자를 위해서라면 당연히 그렇게 해야 한다고 생각했었다. 일요일도 휴일 없이 근무했고 공휴일에도 출근해서 환자를 봤다. 요즘에는 다들 토요일은 쉬는 날이지만, 의사들은 아직도 토요일에 일하는 것을 당연시한다. 이렇게밖에 할 수 없는 이유는 환자들이 의사를 기다리고 있기 때문이다. 크게 보면 소명의식 때문에 스스로 만들어 낸 업무 강도다.

많이 일할수록 돈을 벌기 때문에 그러는 거 아니냐고 말을 하는 사람이 있을 수도 있다. 물론 그 말도 일견 맞지만 반드시 그 이유에서만은 아니다. 길게 일해도 수익과 전혀 상관없는 일을 자처해서 하는 경우도 많다. 그 누구도 긴 시간 동안 이렇게까지 오래 일하는 것을 즐기는 사람은 없다. 의사가 직접 일을 하지 않으면 병원은 절대 굴러가지 않는다. 아무도 의사를 위해 일해주지 못한다. 의사가 일을 쉬면 같이 병원도 쉴 수밖에 없다. 의사가 없으면 환자들은 갈 곳을 잃게 되는 것이다.

그렇다면 어떻게 의사들은 이 긴 시간 동안 일을 할 수 있을까. 나는 의사가 되는 트레이닝 과정이 그들을 그렇게 만들었다고 본다. 의대에선 엉덩이를 의자에 계속 붙이고 있게 만드는 성실성을 훈련받는다. 전공의 때는 환자에 대한 끝없는 관리의 훈련을 받는다. 한 사람의 의사가 만들어지는 과정은 완전한 성장 드라마다. 그 과정이 끝나면 고난을 대하는 삶의 태도가 변할 수밖에 없다.

Q2
의사의 좋은 점은
무엇인가요?

필자는 의사가 되었음을 하늘에 감사하게 생각한다. 의사가 되면 일단 내가 돈이 많건 적건 사회적으로 유명한 사람이건 아니건, 남들이 나를 기본적으로 사회의 인물로 봐주는 인상을 받는다. 다른 말로 하면 존경받는 직업이다.

사람은 나쁜 짓만 하면서 살기 쉽지 않다. 하지만 의사는 전혀 반대로 남을 이롭게 하는 일만을 한다. 남을 돕는 것 자체가 직업이다. 가끔이라도 "선생님 정말 고맙습니다"라는 말을 들으면 그 뿌듯함이 하루를 완전히 지배하게 된다. 그 맛에 의사를 한다는 사람도 많다.

또 비의료인 친구들을 만날 때도 좋다. 어릴 때 의사인 나의 아버지에게 "의사가 되면 뭐가 좋아요?"라고 물은 적 있는데 "친구에게 도움을 줄 수 있다"는 대답을 들었다. 시간이 지나보니 역시나 아버지의 말이 맞았다. 최근 건강과 관련해 조언을 구하는 친구들이 굉장히 많다. 그리고 그들에게 내가 의미 있는 도움을 주는 경우가 많다. 실제로 도움을 주지 못하더라도 마음에 안정을 줄 수 있다. 부모가 건강이 좋지 않거나 하는 경우도 많기 때문에 도움을 받는 입장에서는 의사인 나에게 조언을 듣는 것이 마음이 편할 수 있다.

세 번째, 아무 데나 살 수 있다는 점이 정말 좋다. 우리나라 국민이라면 거주이전의 자유가 누구에게나 있다지만, 실은 자기가 일하는 직장 부근에 살며 어느 정도는 얽매여 있을 수 밖에 없다. 하지만 의사는 꼭 대학병원이나 종합병원에 있을 필요가 없기 때문에 원하는 어느 곳에서 살 수 있다. 세상에 아픈 사람은 얼마든지 많으니 마음만 먹으면 그곳에 가서 살며 일할 수 있다. 예를 들어보자면 일반 직장인들은 부부가 서울에 같이 살고 있는데 갑자기 한 명이 지방으로 발령이 나면 주말 부부를 해야 한다. 그런데 의사는 헤어질 필요가 없다. 물론 커리어를 다시 시작해야 하는 어느 정도의 부담이 있기는 하다. 그래도 마음만 먹으면 그 지방에 가서 다시 의사 일을 시작할 수가 있다. 굉장히 작은 소도시로 가도 가능하다. 오히려 소도시로 가면 의사에 대한 수요가 많아 급여가 더 높다.

마지막으로 의사는 정년이 없다는 점이 좋다. 정년퇴직할 필요 없이 환자가 나를 원하는 그 날까지 일 할 수 있다. 큰 조직에 있는 이들은 정년이 되면 일을 강제로 그만둬야 하고, 그 후로 큰 우울증을 많이들 겪는다고 한다. 의사에게는 그런 일은 남의 이야기다.

Q3

반대로 의사의 힘든 점은
무엇인가요?

수많은 사람을 매일매일 봐야 한다는 점이 굉장히 힘들다. 모든 사람들은 다 각자 몸의 문제를 해결하기 위해, 그리고 그로부터 받은 고통을 해결하기 위해 의사를 찾아온다. 이 경우 의사는 그 모든 것들을 들어 주고 적절한 해결책을 제시해 줄 수 있어야 한다. 어떻게 보면 아이를 책임지고 있는 부모의 마음 같은 것이 항상 있어야 한다. 달래 주면서 때로는 혼내면서 상황을 주도해야 한다. 그런데 사실상 부모와 자식 관계와는 달리 의사 환자는 남남이다. 부모는 자식에게 고소당할 일이 적지만 의사는 그렇지 않다. 타인을 자식처럼 생각하면서 문제를 해결해 줄 수 있는 가장 훌륭한 선택지를 제시한다는 것은 쉬운 일이 아니다. 그리고 그 일을 매일 해야 한다.

다른 힘든 점으로는 다양하고 많은 사람들을 만나야 한다는 것이다. 회사원들은 자신과 비슷한, 그래서 어느 정도는 예측이 가능한 조직 구성원들을 만나고 업무를 수행하는 경우가 많다. 하지만 인간은 병 앞에 공평하므로 의사는 모든 종류의 사람을 만나야 한다. 이때 매 순간 사람들이 원하는 것이 무엇인지를 파악하는 일이 힘이 든다. 모든 직업이 그렇겠지만 사람과의 관계가 항상 제일 스트레스다.

또 현실적으로 의사를 또 가장 힘들게 하는 점은 특이하게도 정부와의 관계다. 대한민국 보험 의료 하에서 의사가 하는 치료는 '강제지정제'로 묶여있다. 정부와 의사와의 계약이다. 의사가 환자한테 제공할 수 있는 서비스들의 가격을 의사가 정할 수가 없다. 의사가 환자에게 제공하는 서비스들의 가격을 시장이 정하지 않고 정부가 강제로 지정해 두었다. 더 많거나 질 좋은 서비스를 제공해도 가격은 언제나 같아야 한다.

그런데 그 가격이라는 것이 굉장히 낮게 측정되어 있고 원가조차 보존이 안 되는 경우가 허다하다. 그래서 낮은 의료수가는 굉장히 오랜 시간 우리나라 의료의 문제점으로 지적되었고, 아직도 좋아지지 않고 있다. 의사들의 양심에 맡길 진료를 완전이행할 수 없는 경우도 왕왕 있다. 또 의사가 환자에게 필요한 치료를 했음에도 심사평가원에서 삭감하기도 한다. 삭감을 당하면 의사는 원가조차도 자기 돈으로 물어내야 한다. 이 '심평의학'은 교과서적 의료를 완전히 반영하지 못하고 있다.

이런 점에 상처받은 의사들이 보험 의료를 떠나는 일이 많다. 당연히 한국은 보험 의료를 벗어난 피부미용 산업이 기형적으로 커져 있다. 그래서 많은 의사들의 내과, 외과, 소아과, 산부인과 등 필수 의료과의 붕괴를 걱정하는 목소리가 높다.

의사가 겪는
직업병이 있을까요?

의사에게도 직업병이 있다. 다들 자기 영역에 있어서 프로라는 생각이 있어서, 의학 이야기만 나오면 무한대로 진지해진다. 한번은 어느 정치인이 공식 석상에서 사리분별에 맞지 않는 상황을 연출했을 때 사람들은 다들 "저거 치매다"라고 비웃었다. 그냥 비웃으려고 한 말이었을 텐데 한 신경과 의사는 "그 정치인 내가 좋아하지는 않지만 실은 치매가 아니고"로 말문을 열었다. 그리고 아무도 관심 없을 법한 지루한 의학적 설명을 늘어놨다. 의사들은 다들 자기 영역에 있어서 이런 비슷한 재주가 있는 것 같다. 시쳇말로 '갑자기 분위기 싸해지는' 상황을 만들어 놓는데 일가견이 있다. 스스로 프로라는 생각을 항상 하고 있기 때문에 자기 영역에서 간단하게 넘어갈 수 있는 농담을 할 수조차 없다.

나도 "호두에 주름이 많이 있고 뇌를 닮았기 때문에 먹으면 머리가 좋아진다"는 말을 들었을 때 표정관리를 할 수가 없었다. 이는 사람들의 농담일 수도, 무의식 속 관념일 수도, 또는 실제로 그렇게 생각할 수도 있다. 어쨌든 나는 틀린 의학적 사실에 알레르기 반응하듯 불편해진다. 알레르기라고 표현한 이유는 내 의도와는 상관없이 나타나는 반응이기 때문이다. 그래서 참는다고 참아지지 않는다. 또 의사들은 의학 관련 뉴스에 대해 생각보다 언급을 자제하는 편이다. 달리 말하자면 해석하는 데 있어서 굉장히 소극적인 태도를 띠곤 한다. 이 역시도 프로의식 때문인데 그것을 단편적인 정보만을 신문이나 뉴스에서 접하고 나서 해석하는 것이 프로답지 못하다고 생각하기 때문이다.

생각해 보니 이 글의 소제목인 '직업병'이란 단어에 대해서도 약한 거부감이 든다. '직업병을 병의 범주로 넣기엔 좀 무리가 있지 않나?' 하는 생각이 들어서다. 비슷한 이야기로 과거 '행복 바이러스'라는 단어를 들으면서도 알 수 없는 불편함이 있었다. 물론 '직업병'의 '병'은 관용어로서의 병임을 누구나 알지만, 의사로서의 자아는 병태생리도 없고 딱히 병이라고 규정할 만한 증거가 없는 이 단어가 괜스레 마음에 들지 않는다. 어떻게 보면 의사들의 이런 강박적 생각이 진짜 병일 것 같다는 생각도 든다. 나는 가끔 누가 신체에 불편함이 있다고 하면 진단을 내리려고 자꾸 물어보는 습관이 있다. 궁금해서 참을 수가 없어서다. 당사자가 원하지 않아도 자꾸 질문을 던지게 된다. 때로는 취조받는다고 느낄 수도 있겠다. 아내가 내 습관을 몇 번 지적해준 덕분에 지금은 많이 고쳤다.

유튜브에서 본 어떤 성형외과 의사는 사람들의 얼굴을 보고 어디를 성형했는지 정확히 짚어냈다. 수많은 얼굴을 보기 때문에 가능한 능력이고, 평소에도 그 능력이 당연히 가동된다고 추론할 수 있다. 한번은 한 재활의학과 의사 친구는 같이 걷다가 "너 걸음걸이 보니까 발목이 약한 것 같아"라고 말했다. 전혀 불편함을 못 느끼고 살았기에 그의 지적이 새로웠다. 같이 있으면서 내 보행습관만 보고 있지는 않았나 하는 생각도 들었다. 곰곰이 생각해 보면 의사는 하루 종일 병만 생각하고 산다고 말할 수도 있다. 필자도 하루 대부분 병을 고치는 일을 하고 있고, 남들보다는 몸의 이상한 징후를 쉽게 알아채는 편이다. 의학을 많이 알아서라기보다는, 남의 신체에 더 관심이 많기 때문이다. 확실히 의업은 의사를 이루는 거의 대부분이나 마찬가지가 아닐까 하는 생각이 든다.

Q5
의사가 아플 땐
어떻게 하나요?

의사가 되면 의사 친구가 많아 좋다. 항간에 "의사 친구 하나는 있어야지"란 말이 있던데 필자는 수십 명이다. 분과별로 적어도 한 명씩 있고 병에 대해 궁금한 점이 있으면 물어볼 데가 많아서 정말 편하다.

물론 의사가 병에 대해 접근하는 데 있어 좋은 태도는 아니다. 무릇 의사라면 근거중심의학을 추구해야 한다. 권위^{이 경우는 분과 전문의의 권위}를 좇지 말고, 내가 스스로 교과서나 논문을 찾아보는 게 낫다는 이야기다. 다른 말로 전문의 친구에게 물어보기보단 책을 찾아봐야 하는 편이 바람직하다. 하지만 지름길을 물어보고 증거를 찾으면 효과는 배가 된다. 친구에게 직접 물어봐도 되고, 안 되면 동기 단체 채팅방에 질문을 던져도 된다. 가끔은 의사들 인터넷 커뮤니티에서 듣는 답변도 도움이 된다. 역시 급할 때는 직접 물어보는 게 가장 도움이 된다.

친구들이 직접 진단을 내려 주는 경우도 있다. 필자 주위의 환자이자 의사인 그들은 모두 친구들이 진단해 준 케이스였다. 같이 골프를 치다가 "너 뭔가 이상하니까 빨리 피검사 한 번 해 봐"라고 해서 백혈병을 조기 진단하기도 하고, 식사하다가 "너 목이 좀 부었는데 갑상선 검사를 해 봐"라고 해서 갑상선 항진증 치료를 바로 시작하는 것도 봤다. 의사 친구가 있으니 빠른 진단이 가능했고 잘 치료할 수 있었던 케이스들이다. 필자는 인턴 때 충수돌기염이 생겼는데 바로 근무지로 달려가서 CT를 찍었다. 이때 CT를 찍어준 사람, 영상 판독해준 사람, 수술방 준비해준 사람, 수술해준 사람 모두 동료였다.

이런 장점도 있지만 'VIP 증후군'이 우려되기도 한다. 지인 등 특별히 더 챙겨줘야 할 사람을 위해 이것저것 신경 쓰다 보니 오히려 중요한 것을 빠뜨리거나 하는 의사의 실수를 말한다. 의사의 치료는 항상 최선을 향해 있기 때문에 치료의 영역에서 더 신경 써야 할 것이 있지는 않다. 다만 존재한다면 치료 외적인 영역인데, 이런 것들이 오히려 가장 중요한 치료에 영향을 주는 경우를 말한다. VIP 증후군을 겪은 의사-환자는 굉장히 우호적인 관계였다가 나중에는 반목하게 되는 일도 있다고 한다. 그럼에도 환자 입장에서는 아는 의사가 나를 잘 봐주는 것이 더 마음이 편하다. 모르는 사람보다는 아는 사람이 나의 두려움을 해소해 줄 것 같은 기대심리이다.

우스갯소리로 하는 이야기지만 다른 단점이 하나 더 있다. 다들 의사이기 때문에 병과 관련된 핑계를 대기가 굉장히 어렵다. 회식자리에 빠지기 위해 "저 오늘 아파요"라고 한다 치면 채혈 당할 위험을 감내해야 한다. 소화기내과 의사 앞에서 "저 요즘 속이 안 좋아요"라고 핑계를 댈 때는 그가 내 목구멍에 즉시 내시경을 넣자고 권유할 수도 있단 점을 항상 생각해야 한다. 싫다고 거절하기도 어렵다. "내가 해줄게. 금방 끝나. 별것도 아닌데. 알면서 왜 그래?"라는 대답이 날아올 테니까 말이다.

Q6
체력 관리는
어떻게 하나요?

의사는 보통 노동 강도가 높아서 체력 관리에 많은 노력을 기울인다. 과거 의사들은 술을 좋아하고 운동은 멀리하는 경우가 많았지만, 요즘 의사들은 다르다. 그렇다고 보약이나 영양제를 따로 챙겨 먹지는 않는다. 다만 기본적인 것에 충실히 하는 편이다.

'운동'이 첫 번째다. 의사들은 스포츠에 빠진 스포츠광들이 많다. 공부할 때 쓰던 높은 집중력을 가지고 스포츠에 모든 열정을 쏟는 사람들이 많아서 수준급의 실력자들도 많다. 스쿠버 다이버가 아니라 다이버를 양성하는 강사, 취미로 하는 국궁이 아니라 국궁 마스터 이런 식이다. 외과의들은 일회용 수술 가운을 입기 전 스크럽이라고 하는 반팔 수술복을 안에 입는다. 이때 보면 다들 굉장한 이두근을 가지고 있다. 운동으로 다져진 근육이다.

어찌 보면 절박함의 산물이 아닐까 한다. 팔 근력이 떨어져 있으면 수술 도구를 잡고 운용하는 데 문제가 있을 테니 말이다. 이들은 운동하더라도 수술에 도움이 되는 운동을 위주로 한다. 적어도 수술에 조금이라도 악영향을 미칠 가능성이 있으면 극도로 조심한다. 손 부상이라도 입으면 경력이 즉시 중단되고, 모든 업무뿐 아니라 자신의 조직 수술 팀과 더불어 병원까지 도 같이 망가지기 때문이다.

한편 체력 관리를 전혀 하지 않는 인사들도 의외로 많다. 내가 아는 어떤 내과 의사는 당뇨가 아주 심했는데도 아무런 노력도 기울이지 않고 있었다. 약도 잘 먹지 않고 운동도 안 하고 인슐린을 쓸 정도 상황인데도 아무런 위기의식이 없었다. 그렇게 건강을 전혀 생각하지 않고 몸을 굴리는 것이 잘못된 선택임은 의문의 여지가 없다. 후회는 그들의 몫이나 그런 그들이 한편 이해가 가기도 한다. 의사는 업무로 오는 스트레스가 남다르다. 나의 행동에 따라 남의 몸이 망가질 수도 있다는 불안이 그들을 망가뜨리지 않았나 싶다.

필자는 보통 아침 1시간 동안 운동하고 출근한다. 또 점심에 시간이 허락되면 잠시 30분 정도 운동을 하려고 한다. 결론적으로 의사들 체력 유지의 무기를 고르자면 운동이 아닐까 싶다.

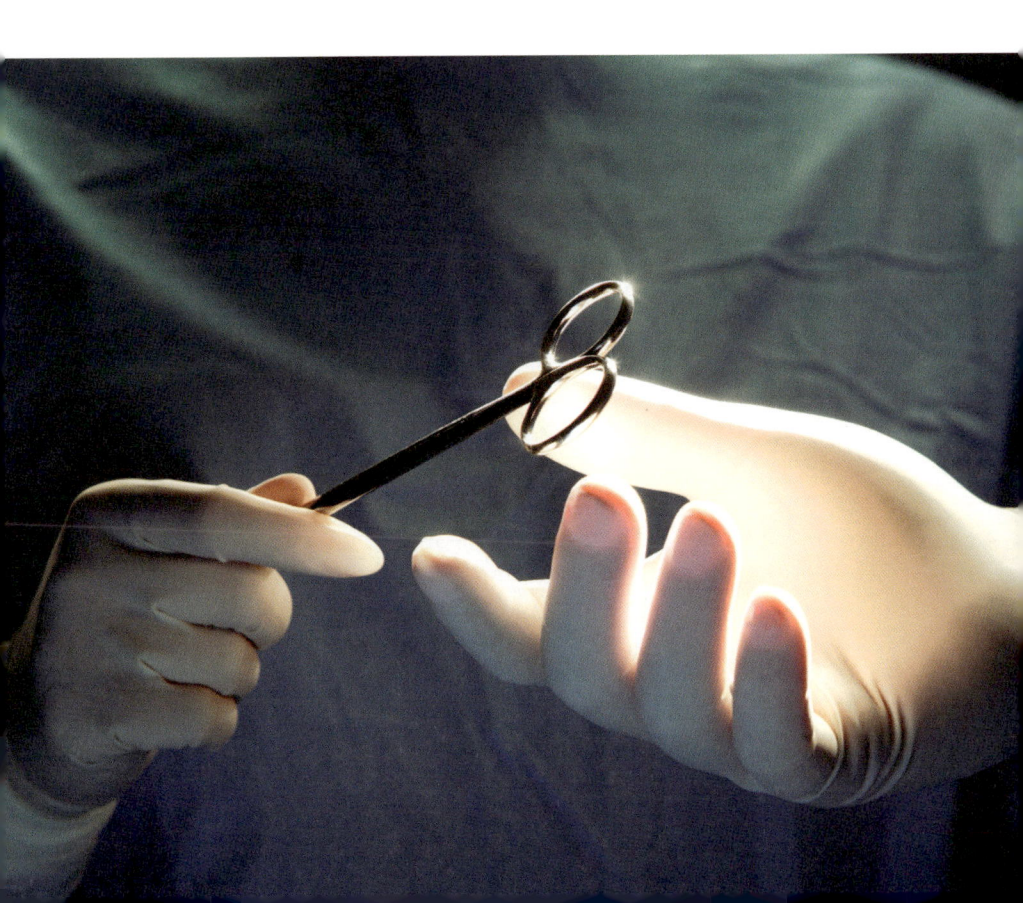

Q7
의사들도 환자들에게
거짓말을 할 때가 있나요?

여러 매체에서 부도덕한 의사들에 대한 보도가 나오곤 한다. 대리 수술을 한다거나 문제를 은폐하거나 하는 등의 일이다. 대놓고 사기를 치는 부도덕한 의사도 있겠지만, 그런 경우를 제외하면 없다고 봐야 한다. 말하자면 선한 거짓말을 하는 경우가 없다는 말이다. 환자를 위해서라는 이름으로도 거짓말은 안 된다.

생각할 수 있는 흔한 경우는 '나쁜 소식 전하기'다. 환자가 병에 걸렸고 아무리 큰 충격을 받게 될 것이라 해도 환자는 자기 병에 대해 알 권리가 있다. 가끔 어떤 환자의 보호자들은 환자가 시한부 인생이 된다는 사실을 알고 다소 어려운 부탁을 할 때가 있다. 환자가 '시한부 선고'를 듣고 충격을 받을 테니 알리지 말아 달라는 거다. 그 요청은 들어줄 수 없다. 언제가 되었든 환자는 알게 된다. 그리고 소식은 반드시 의사의 입을 통해 들어야 한다.

이런 거짓말은 있을 수 있다. 엄밀히는 거짓말보다는 과장에 가깝다고 본다. 환자의 병 상태가 나아지고 있지만 치료 기간이 너무 길고 고통스러워 견디지 못할 때가 있다. 그럴 때는

"이제 거의 끝났다"는 말을 하는 경우가 있다. 당사자는 힘들지만 반드시 겪는 과정이고 어쩔 수 없는 치료의 일환이니 견뎌내는 수밖에 없다. 이런 경우를 제외한다면 의사는 대놓고 거짓말을 할 수도 없고 해서도 안 된다.

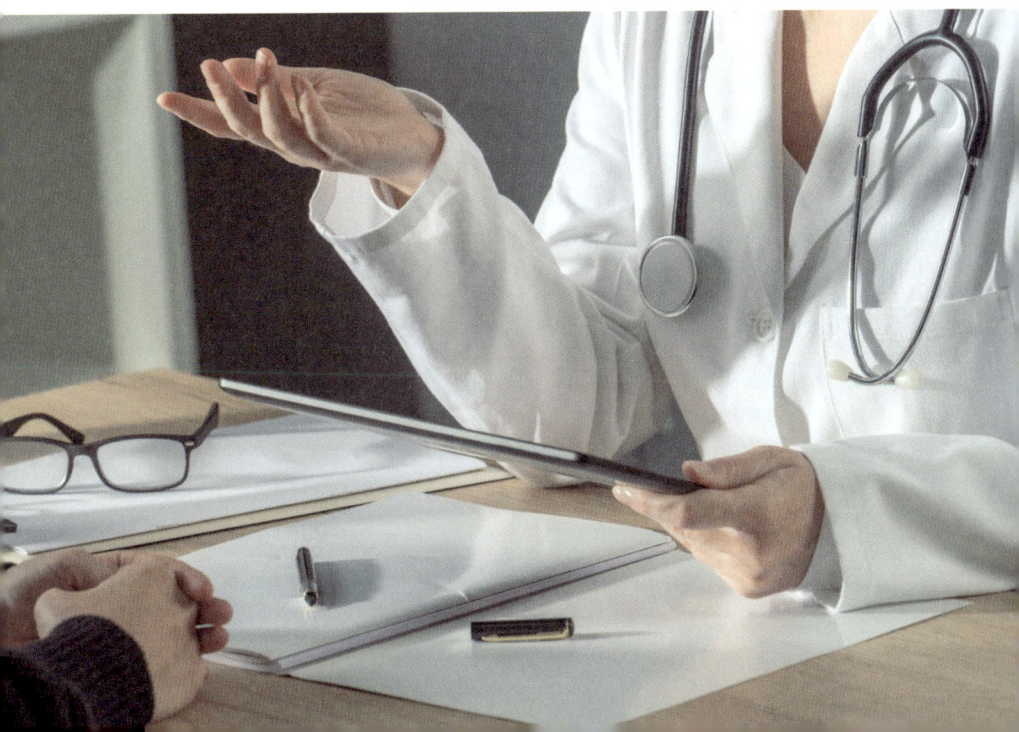

의사가 알려주는

일상생활 건강
노하우

수많은 환자를 보면서 놀란 점은 생각보다 영양제를
꼭 챙겨 먹는다는 것이다. 물론 먹으면 좋지만 건강
을 유지하는 데 필수적이지는 않다. 약과 음식은 같
으면서도 다르다. 영양소는 약과 음식에 모두 들어있
지만 용량이 현저히 다르다. 바나나맛 우유와 바나나
의 차이 정도라고나 할까. 가공하여 압축하면 약, 매
일 먹는 음식에 넣으면 식사가 된다. 영양소를 압축
해서 몸 안에 꾹꾹 눌러 담으면 좋은 게 아닐까 하고
생각할 수도 있다. 그럴 수도 있지만 어떤 약이든 먹
을 때 항상 주의해야 한다. 약을 먹는 순간 안전의 문
제를 생각해야 한다는 것이다. 그 문제를 함께하기
위해 우리 주위에 많은 의사들이 병원을 열고 있다.

식사도 항상 주의하길 바란다. 한식은 맛있지만 탄수화물이 너무 많고
당과 염분 섭취도 많다. 반대로 단백질은 너무 적다. 채소 위주의 반찬
도 실은 거의 다 절인 형태라 마음에 썩 들지는 않는다. 특히나 국은 내
가 생각하는 가장 과대평가된 음식이다. 기름과 소금이 대부분을 차지
하고 있기 때문이다. 건강한 식단이란 무엇보다도 탄수화물, 지방, 단
백질이 적당한 조화를 이루는 식단이다. 우리나라 사람들은 말랐는데
도 당뇨 환자가 많다고 한다. 아시아인들이 유전적으로 그렇다고는 하
지만 우리의 식단 역시 영향을 미치지 않나 생각해 본다. 탄수화물과
당, 그리고 나트륨의 양을 좀 줄이고, 단백질을 더 늘이면 맛과 영양을
모두 잡는 최고의 식단이 되지 않을까 한다.

마지막으로 하나 고르자면 수면 시간을 확보하는 것이 좋다. 필자는 나이 마흔이 되면서 적어도 7시간 정도는 자려고 하는 편이다. 잠을 잘 자지 못하면 당뇨 환자는 혈당이 널뛰기하고, 심장은 지쳐 간다. 수면 장애가 생기면 약을 찾기 이전에 먼저 수면 환경을 개선하기를 권유하고 싶다. 야간의 빛과 소리는 잠에 악영향을 준다. 스마트폰이나 TV를 끄고 미세한 소음도 차단하는 편이 좋다. 피곤하다며 피검사를 해보는 환자들이 많다. 많은 경우 수면이 3~4시간 정도로 적었다. 이들에게는 피검사보다 적정한 수면 시간 확보가 더욱 절실하다고 할 수 있다.

이 책을 읽는 독자 중 잠을 아껴 공부하는 수험생의 경우도 마찬가지다. 깨어 있는 동안 내가 얼마나 집중해 공부하고 있는지를 생각해 보자. 대부분은 매우 비효율적으로 공부한다. 최선을 다해 공부하고 있는데 시간이 부족하다면 잠을 줄여도 된다. 아니, 미래를 위해 잠시 건강을 해치는 걸 감내해 본다고 말하는 편이 낫겠다. 하지만 이 이야기는 해주고 싶다. 필자가 의대를 다닐 때 봤던 최고 상위권 학생들은 잠잘 것 다 자며 시험도 잘 치렀다. 공부를 잘하고 싶다면 잠을 줄일 게 아니라 집중해야 한다.

I am a doctor

1 의사의
현실

의사로 살면 가끔은 일상이 지겹다는 생각도 든다. 반복되는 일상은 의사들에게도 탈출하고 싶은 현실이다. 그런데 어떻게 보면 의사로서는 복에 겨운 이야기일 수도 있다. 가끔 특이한 환자를 접할 때나 고도의 집중력을 발휘하면 모를까 루틴에서 벗어나는 환자들을 계속해서 마주하면 견디지 못할 스트레스를 받을 수도 있다.

전문의가 되기까지는 마치 현실에서 게임을 하는 것 같다. 인턴→전공의 1년 차→2년 차→3년 차→4년 차→전임의→전문의 등의 레벨업이 계속해서 이어진다. 연차별 역할은 완전히 달라서 이등병에서 병장이 되는 기분을 느낄 수 있다. 전문의가 되더라도 계속 자기 역할을 바꾸는 의사도 있지만 변화의 폭이 크지는 않다. 적당한 곳을 찾아 안주하고 그곳에서 자기 진료에 집중하는 것이 대부분 의사의 목표다.

필자도 전문의로 살면서 쳇바퀴 같은 삶에 가끔 환멸을 느끼고는 한다. 그러나 마음 한편 바람직한 마음가짐이 아님도 잘 알고 있다. 의사의 사명은 환자를 잘 보는 것이다. 나를 찾아주는 환자가 있다면 그 자체로 의미가 있다. 내가 비록 세계 최고의 명의는 아니더라도, 환자의 곁에서 잘 지켜보고 치료할 수 있다면 나는 좋은 의사다. 의사의 생활이란 환자를 가까운 곳에서 치료하는 것이다. 세상 모든 곳에 환자가 있고 그 곁에 살며 치료하는 삶이 의사에게는 현실이다.

Q1
의사의 노동 강도는
어떻게 되나요?

'워라밸Work-Life Balance'이라는 말이 있다. 적당히 일하고 좀 쉬
자는 이야기다. '저녁이 있는 삶'이니 휴식을 중요하게 생각
하는 요즘 세태를 반영하는 것 같다. 미국에서도 코로나19 팬
데믹 이후 직장을 그만둔 3D 직종군들이 다시 돌아오지 않
아 큰 문제를 겪고 있다. 짐을 내리지 못해 선박들이 항구를
떠돌고, 길거리 어딜 가나 '직원 구함' 표지가 붙어 있다고 한
다. 어려운 일은 이제 그만하고 좀 더 쉬고 싶어 하는 경향은
세계인 모두의 경향인 듯하다.

그럼에도 의사는 쉬기 어려운 직종에 속한다. 다른 일과 달리
병원은 24시간 돌아가야만 하는 조직이다. 환자는 언제나 있
고 어디에나 있다. 따라서 의사 하면서 밥 굶을 일이 잘 없는
한편, 쉬기 역시 쉽지는 않다. 쉴 때도 항상 자기를 찾는 환자
가 있다. 오랜 기간 쉬고 나면 환자 수가 급증한다월요일 환자 수는
다른 때에 비해 1.5배 정도다. 가끔은 공휴일에 쉬느니 일하는 게 낫겠
다는 생각이 든다. 다음 날 너무 사람이 몰리면 결국 진료의
질이 떨어지기 때문이다. 퇴근 시간이 되어도 환자가 있으면
의사는 쉽사리 환자를 떠나지 못한다. 매몰차게 내일 다시 오
라고 하기에 미안한 마음이 든다.

"의사가 어떻게 환자를 두고 떠날 수가 있어?"라는 기본 생각 때문인지 의사의 근무 강도는 높은 편이다. 돈을 더 많이 벌지 못해도, 본인이 쉬지 못해도 의사는 자발적으로 환자를 본다. 휴식을 중시하는 사회 분위기 속에서 젊은 의사들의 경향도 조금씩 바뀌어 가고 있기는 하지만, 그래도 많은 의사들은 여전히 워커홀릭이다.

보통 '오프Off 근무'라고 하면 하루를 통째로 쉰다는 직장인들 언어다. 하지만 의사에게는 퇴근한다는 의미다. 의사에게 하루를 다 쉬는 일은 웬만해서는 없다. 남들 다 쉬는 토요일에도 많은 의사들은 일한다. 어떤 과를 택하든, 적어도 병원 문턱이 낮은 우리나라에서는 의사의 업무 강도는 높은 편이다. 그래서 과를 택할 때는 반드시 본인이 평생 해도 즐거울 법한 일을 골라야 한다. 그렇지 않으면 버티기 어렵다.

Q2

의사로서 겪는
어려움이 있나요?

개인적으로 가장 힘든 어려움을 꼽으라면 소신 있는 진료를 못 하는 상황이다. 우리나라 국민건강보험은 의료 접근성이 뛰어난 아주 훌륭한 보건 의료 체계다. 다만 급여 기준을 벗어나는 치료는 하기 어려운 경우가 간혹 있다. 예를 들어 당뇨약만 해도 정해진 보험 기준에 벗어나는 약은 급여가로 처방받을 수 없다. 문제는 의학적으로 그 이상의 치료가 필요한 환자들에게 비급여로라도 처방을 못 하는 경우가 허다하다. 당뇨약뿐 아니라 수술적 치료 등에서도 원가를 다 못 받는 지침이 존재하고, 포괄수가제 안에서 환자에게 필요한 치료를 하면 할수록 손해를 보는 구조도 있다. 물론 효율을 따지는 의료도 중요하지만, 어떤 의사든 자기 환자에게 최고의 선택지를 주고 싶기 마련이다. 의료에 조금 더 자율성이 있으면 좋겠다는 생각을 해본다.

둘째로는 경증환자와 중증환자가 섞여 있을 때 감별해 내는 어려움이다. 솔직히 이 두 환자를 잘 감별해 내는 실력은 의사의 경험에서 비롯된다. 훌륭한 의사의 자질인 셈이다. 감별하는 일이야 본인이 열심히 하나에 따른 문제니 차치하고, 진짜 어려움은 다른 데 있다. 일단 경증환자임에도 본인이 중증이라고 우기는 경우다. 병원은 항상 사람이 넘쳐나니 대기시간이 길어지는 경우가 허다하다. 우리나라는 병원 문턱이 낮아 경증환자가 과다하게 섞여 있는 편이다. 오랜 시간 대기하다 보면 경증환자가 본인의 증상을 과다 호소하며 빨리 봐달라고 강하게 주장하는 경우가 있다. 의사라면 그 환자들이 중증환자일 가능성을 항상 염두에 두기에 무턱대고 기다리라고 할 수는 없다. 결국 경증임이 드러나기까지 시간이 걸리고, 필연적으로 다른 환자들에게 피해를 주게 된다.

반대로 중증환자가 본인이 경증이라고 생각하고 주장하면 이 또한 골치 아프다. 최근 필자에게 있었던 일이다. 감기가 심하다고 수액만 좀 놔 달라고 온 환자가 한 명 있었다. 실제로 열이 났다. 그런데 이상하게 맥이 빠르고 혈압이 낮았다. 환자를 설득해 심전도를 찍었는데 심근경색이었다. 이때부터 의사로서는 마음이 급해진다. 환자에게 심근경색이라고 알렸지만 환자는 믿지 않았다. 방어 기제일 수도 있고 실제로 감기라고 느껴졌을 수도 있다. 어찌 되었든 환자는 빨리 더 큰 병원으로 갈 필요가 있었으나 그의 잘못된 믿음이 큰 걸림돌이었다. 보호자 호출을 거부하고 자전거를 타고 병원에 혼자 가겠다고 했다 ^{종합병원에 당장 입원해야 할 테니 당연히 보호자가 있어야 한다}. 환자를 더 설득하기엔 시간도 없고 받아들일 수 없어 필자는 119에 전화를 걸었다.

의사에게 힘든 일은 의외로 의학 외적인 일이다. 환자가 살아 있는 사람이란 사실을 항상 인지해야 한다. 공부도 물론 열심히 해야겠지만, 세상의 모든 사물에 관심을 갖고 소통하는 고단한 노력이 필요하지 않나 생각해 본다.

Q3
의사의 정년은
언제까지인가요?

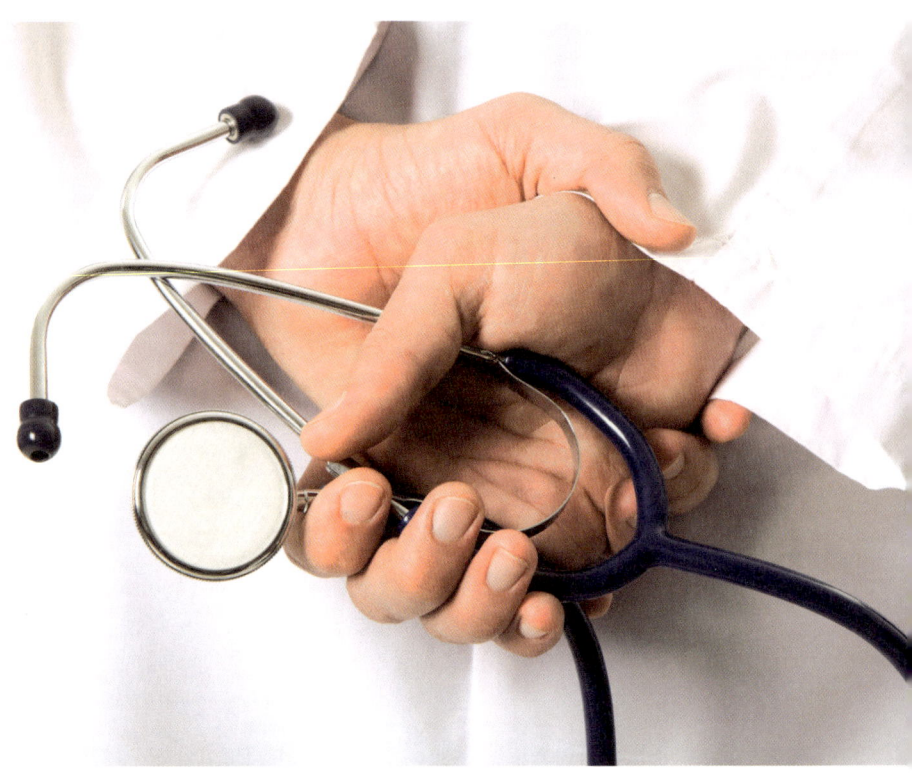

의사의 정년은 없다. 의사의 가장 큰 장점 중 하나다. 나이 80을 넘어도 본인이 진료할 힘이 있다면 해도 된다. 내과 의사들은 우스갯소리로 "처방 시 마우스 클릭할 오른손 검지랑 입만 있으면 진료할 수 있지 않겠어?"라고 말하기도 한다. 그래서 대개는 건강이 나빠질 때까지는 적은 시간이라도 의사로서 일한다.

94세의 나이로 돌아가신 유명한 의사 한원주 씨 이야기를 해보면, 그는 산부인과 전문의를 취득하고 미국에서 내과까지 전공했다. 한국에 돌아와서는 경기도의 한 요양병원에 일하며 죽기 직전까지도 내과 과장으로 일했다. 고령에도 회진도 돌고 처방도 냈다고 한다. 요양병원의 환자들은 거동이나 인지 장애가 있는 경우가 많아 소통이 매우 어렵다. 그런데 한원주 선생님은 본인도 고령이니 자신보다 한참 어린 나이의 뇌졸중 환자들부터 동년배의 환자까지 대화에 전혀 어려움이 없었다고 했다.

실제로 많은 노인 의사들이 건강이 심각하게 나빠지기 전까지 계속 일을 하는 경향이 있다. 진료를 수십 년 보면 힘들던 이 일도 좋아진다고 한다. 환자가 적어도 일하는 의미가 있으니 할 때까지 한다. 하루 열 명도 안 보는 작은 의원을 직접 문을 열고 접수와 수납까지 원장이 직접 하는 병원도 봤다. 평생 일하던 사람은 일을 그만두는 순간부터 급격히 늙는다고 한다. 의사라는 직업은 그런 면에서 압도적인 장점이 있다. 환자와 같이 나이 들어가다 보면 언젠가는 그들과 친구가 된다. 관계의 정이 있는 좋은 일이 아닐 수 없다.

의사는
돈을 많이 버나요?

필자가 어린 시절이던 1980년대에는 의사가 돈을 많이 버는 편이었다. 당시 압축적으로 경제성장이 있던 시기임을 고려해도 그랬다. 그리고 미래에 대한 전망조차 좋았다. 선진국으로 가는 길목에서 건강에 대한 관심이 높아지고 있었고, 의료도 끝없는 발전을 할 것처럼 보였다. 당연히 의사란 직종이 인기가 많았음은 말할 것도 없다.

지금 우리나라는 단연 선진국의 반열에 들어 다양한 직업들이 많이 생겼다. 그중 수입도 좋은 직업들이 많아 의사의 위상이 예전만큼은 아니다. 하지만 의사들은 자기 수익에 어느 정도는 만족하는 편이다. 생활을 영위하는 데 전혀 모자람이 없을 정도이기는 하니 말이다.

그럼에도 의사가 돈을 많이 버냐 하는 질문에는 대답하기 굉장히 어렵다. 첫 번째 이유는 노동 강도가 너무 강하기 때문이다. 요즘 유행어로 '가성비'가 좋지 않다. 일단 일하는 시간이 너무 많다. 최근 노동 수익보다도 자본 소득을 더 중요하게 생각하는 시대가 되었는데, 노동 시간을 생각해 보면 자본 소득을 추구할 다른 일을 동시에 하기에 영 여의치가 않다.

사회 초년생인 전공의 생활 동안은 야간 당직이 필수적이다. 거의 5년 넘는 시간 동안 남의 생명을 책임지며 당직을 서고 버는 돈을 따지고 보면 그렇게 많은 편은 아니다. 많은 수는 전문의가 되어도 전임의가 된다. 수년 동안 세부 전문과를 트레이닝 받는 시간이다. 이 기간에도 이들은 많은 연봉을 보장받지 못한다.

두 번째 이유는 과별로 수익의 차이가 너무 크다. 심지어는 한 전공 안에서도 수익이 천차만별이다. 따라서 의사의 평균 수익이라는 통계도 사실상 별 의미가 없다. 많이 버는 이는 천문학적인 돈을 벌지만, 그렇지 않은 경우도 많기 때문이다. 과거야 대표적인 고수익 직종이었다만, 지금은 의사만큼 돈을 벌 수 있는 직종들이 흔하다. 돈만을 생각한다면 의사를 할 수 없다. 필자만 해도 더 많은 돈을 벌어야 한다면 지금 하는 의업이 아닌 다른 일을 알아볼 것이다. 앞에서도 이야기했지만 의사는 '가성비'가 그렇게 좋은 노동 수익을 기대하는 직업이라고는 할 수 없다고 하겠다.

사실 돈을 많이 벌고 싶어서 의사가 되겠다고 생각하는 사람은 재고해 보길 권유하고 싶다. 첫째는 실제로 그렇지 않은 경우도 많기 때문이고, 둘째는 그렇기 때문에 실망할 가능성이 있다. 돈을 많이 벌고 싶으면 사업을 하는 등 다른 일을 찾아보길 바란다.

Q5
의사의 남녀 비율은
어떻게 되나요?

의대에는 우수한 성적을 뽐내는 학생들이 많이 입학한다. 그
렇다면 그 남녀 비율은 어떻게 될까? 필자가 의대를 졸업한
지 오래되어 최근의 경향은 정확히 모르지만, 의대의 남녀 비
율은 남자가 훨씬 더 높은 편이다. 생각해 보면 너무 당연한
현상이다. 유리천장 같은 이유는 절대 아니고 성적으로 줄 세
우기를 해서도 아니다. 의대 입학은 대개 투명하게 진행된다.
또 여학생들이 더 성실하고 공부를 잘하는 경우가 많다. 여자
가 머리가 나빠 의대에 적게 들어오지 않았다는 이야기다.

그럼에도 남자 비율이 높은 이유는 의대 공부의 특수성 때문
이다. 앞에서도 이야기했지만 의대에 들어오려면 과학적 사
고를 하는 능력이 탁월해야 한다. 그래서 과학고 출신들이 굉
장히 많고 다른 학부를 다니다가 온 학생들도 이공계 출신이
대부분이다. 학창 시절을 생각해 보면 남학생의 이과 비율이
더 높고 학업 적합성도 이에 더 맞는다. 따라서 의대에 남학
생이 많다고 볼 수 있다.

기억을 떠올려보면 필자가 나온 학교는 여자의 비율이 그래
도 20%는 되었던 것 같다. 학교에 따라 30%가 넘는 학교도

있다고 들었다. 여학생들이 의대 안에서 소수자이기 때문에 여학생회 같은 동아리도 활성화되어 있고 단합이 잘 되는 편이다. 심지어는 의사가 되어서도 그렇다. 대한 여의사회 같은 단체에서 여자 의사들이 역동적인 활동을 이어 나간다.

이렇듯 의사사회가 남초男超라서 그런 것일까? 많은 여성의사들이 배우자로 같은 직종인 의사를 택한다. 의대와 전공의를 거치면서 연애할 시간이 없기도 하고, 의업의 고됨을 이해할 사람은 같은 의사이기 때문이기도 하다. 의사 부부들에게 결혼생활을 물어보면 다들 "다른 것은 몰라도 내 직업의 고충을 잘 이해해준다는 점에서는 만족스럽다"는 평가를 한다.

한편, 의사 커플의 결혼식은 재미있는 광경을 연출하기도 하는데 의대 입학 동기들의 동질감이 꽤 끈끈하기 때문이다. 그래서 의사 커플의 결혼식장에는 굉장히 많은 의사들이 모여 있다. 아마 의사들이 이렇게 한 자리에 많이 모여 있는 곳은 학회를 제외하고는 거의 없을 듯하다. 보통 적게는 50명의 동기가 모이니 둘을 합치면 일단 의대 동기 하객만 100명 정도 된다. 필자는 모르는 사람들이 모여 있는 테이블에 끼어 앉아 혼자 밥을 먹은 적이 있는데, 모르는 사이임에도 이질감을 느끼지 못했다. 사방에서 환자 이야기나 병원 이야기들이 쉴 새 없이 들려왔기 때문이다.

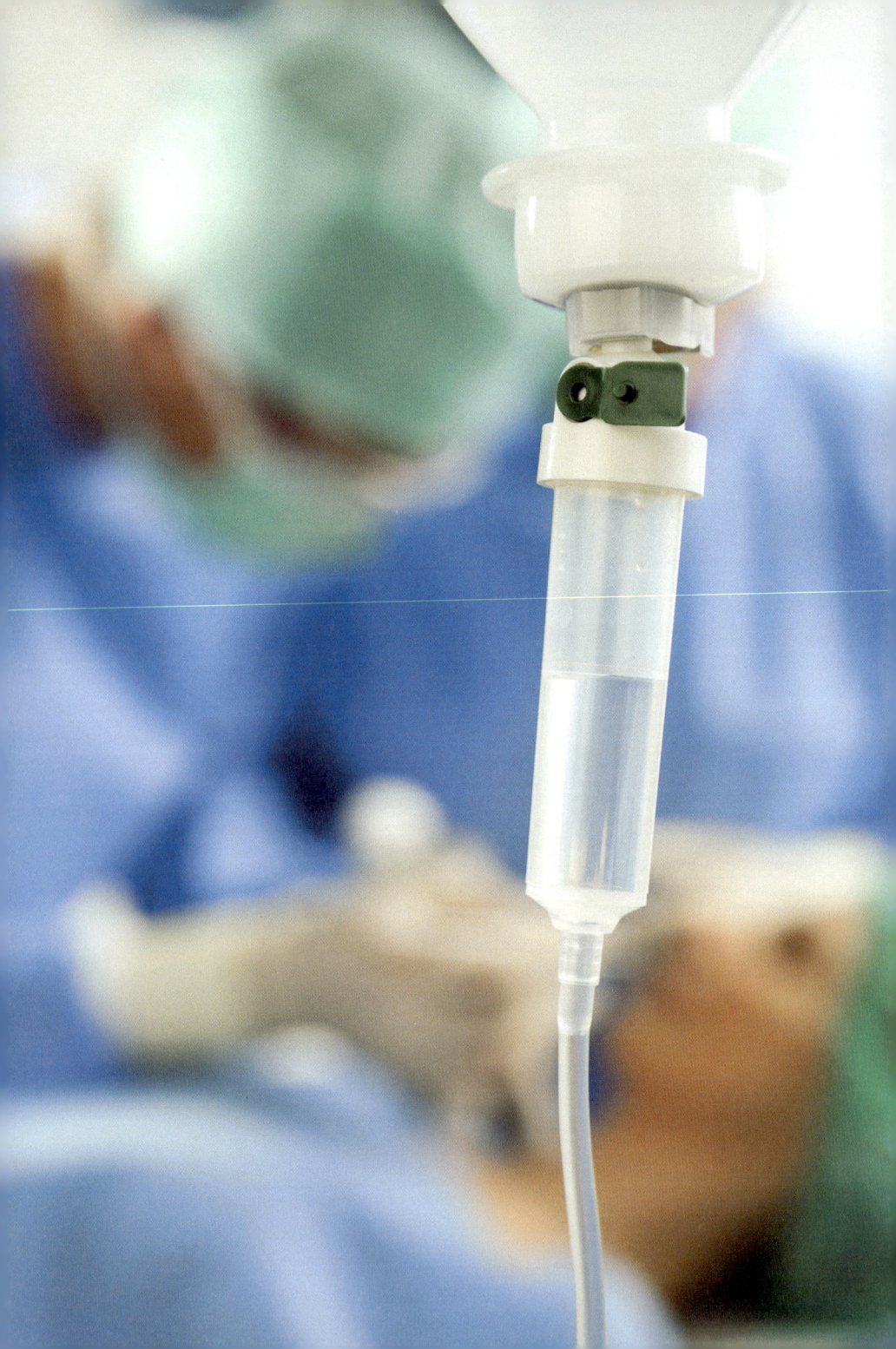

2　의사의
　　매력

독자 여러분 모두 '의사 선생님'이라는 단어에서 풍기는 약간
의 권위를 체감한 적이 있을 것이다. 이렇듯 의사가 되면 어
느 자리를 가든 인정받는 듯한 기분이 든다. 다른 말로 하면
내가 괜찮은 사람이라는 사실을 매 순간 증명하지 않아도 된
다. 어느 정도는 삶을 편리하게 만들어 준다. 잘은 모르지만
그 인정의 심리에는 우리 직업의 성실함과 사회에 대한 공헌
에 대한 기대가 깔려있지 않나 한다.

아픈 사람을 고치는 의업의 성격은 모두를 숙연하게 한다. 가
끔은 다른 직업을 가졌어도 이렇게까지 인정을 받으면서 살
수 있었나 싶기도 하다. 대부분 "저는 의사입니다"라고 하면
놀란 듯한 표정을 지으며 잘 대해준다. 필자가 다른 직업을
가지고 있었다면 이렇게까지 대접을 받았을까 싶다. 아마도
그 분야에서 업계 최고의 위치를 차지했을 때나 그런 반응을
마주했을 것 같다.

의사는 의사라는 직업을 갖고 있다는 사실 하나만으로 존경받
기도 한다. 기분 좋은 일이고 매우 감사한 일이 아닐 수 없다.
의사 직업이 갖는 가장 큰 매력 중 하나가 아닌가 생각한다.

Q1
의사가 되어 느낀
가장 큰 매력은 무엇인가요?

의사의 가장 큰 매력은 사회의 기대심리이다. 그러나 의사에 대한 사회의 기대심리 때문에 다소 불편한 것도 있다. 사람들이 의사에 대한 기대가 있고, 그렇기 때문에 의사의 품위는 언제나 지켜져야 한다. 지금은 많이 완화되었지만 필자가 의대를 다닐 때만 해도 병원 내의 모든 학생과 수련의들은 와이셔츠에 넥타이, 구두 복장을 필수적으로 갖추고 다녔어야 했다. 밤 당직 시간이 되면 교수님들은 퇴근하니 그때는 조금 숨 쉴 틈이 생겨 슬리퍼를 신고 다니기도 하는데, 밤을 새운 탓에 정신이 없어 그 모습을 아침 회진 때 들켜 혼나기도 했다. 아무리 피로에 찌들어도 복장에 신경을 쓰는 이유는 겉치레라기보다는 의사에 대한 사회의 기대에 부응하기 위한 하나의 예법이 아닐까 싶다.

물론 품위유지니 뭐니 별생각 없이 사는 의사도 간혹 있다. 업무가 고단하니 복장까지 신경 쓰지 못하는 사람들이고, 대표적인 예가 바로 필자다. 최근까지도 트레이닝복에 티셔츠를 입고 지하철을 타고 출퇴근을 했는데, 인터뷰차 만난 기자가 그런 모습을 보고선 "아니, 의사 선생님들도 이렇게 옷을 입고 다니시는 경우도 있어요?"라고 놀라 물었다. "그럼 어떤 옷을 입고 다닌다고 생각했나요?"고 되물으니 "정장에 코트 걸치고 다닐 줄 알았어요"라고 대답했다.

물론 필자가 코트 입은 신사에 비하면 좀 과하게 편한 복장은 맞다. 하지만 이 일로 인해 사람들이 의사에 대해 어떤 이미지를 기대하는지 알게 되는 계기가 되었다. 그래서 요즘에는 조금은 신경 쓰고 있다. 생각해 보면 의사인 필자의 아버지도 외출할 때 트레이닝복을 입지 못하게 했다. 항상 품위유지를 위한 노력을 하라는 것이다.

품위유지와 관련해 의사 협회는 의사 품위를 해치는 행동을 자제하라고 강하게 요청하고 있다. 품위를 해치는 행동^{방송에서의 언행, 부도덕한 광고 등}을 할 경우 처벌에 대한 내규도 있다. 다른 직군에는 이런 품위유지의 조항이 별로 없는 것으로 안다. 오로지 의사를 포함한 전문가 집단에서만 요구되는 사항이다. 그 품위의 손상이 어디까지 해당하는지 정확히 정해지지는 않았다. 어느 정도는 주관적인 판단 기준에 따라 결정된다고 볼 수 있다. 따라서 모든 의사들은 이 조항을 아주 잘 알고 있고 따라서 자신, 나아가 직군의 명예를 해칠 수 있는 행동을 극도로 조심한다.

Q2
어떤 의사가
좋은 의사인가요?

어떤 의사가 좋은 의사일까. 모든 의사는 의대생을 거치며 이 생각을 해보지 않았을까 한다. 필자 역시 그랬다. 정확히 이 질문으로 의사 선배인 아버지에게 물어보기도 했다. 아버지의 대답은 "정답은 없다"였다. 다른 의사들이 현장에서 치료를 잘할 수 있도록 연구를 잘하는 의사도 있을 것이고, 최신 지견에는 약하더라도 최대한 필요한 의료자원을 현장에서 나누는 의사도 있을 터다. 똑똑하다고, 교수가 무조건 좋은 의사라고 할 수도 없고, 환자들에게 인기가 많다고 좋다고 볼 수도 없다. 본인이 추구하는 가치에 따라 될 수 있는 좋은 의사가 되는 편이 좋다.

의사는 환자를 위해 존재해야 한다. 어떤 의사가 되건 이 단순한 명제를 알고 실천해야 한다. 본인이 하는 일이 결국 환자를 위한 선한 의도로 작용한다면, 그는 좋은 의사가 될 수 있다고 생각한다.

환자에게 어떤 의사로
기억되고 싶나요?

가장 이상적인 모습은 역시 '명의'가 아닐까. 멋지게 병을 진단하고 최고의 치료를 해 무려 '완치'를 시키는 명의 말이다. 하지만 현실은 녹록하지 않다. 병이 많이 진행된 경우도 있고 환자와의 소통이 어려운 경우도 많다. 소통이 어려워 혹은 신뢰를 주지 못해 환자가 방황하다가 나쁜 병이 더 악화하는 경우도 있다.

예술작품은 왜 감동을 줄까? 평소 '이심전심以心傳心'이 가장 큰 이유라고 생각해 왔다. 작가가 자기 관념을 나름의 방법 그림, 작곡, 몸의 움직임 등을 통해 표현하고 감상하는 이가 그 관념의 대부분을 느낄 수 있다면 감동이 온다. 표현이 정확해야 자기 생각을 잘 전달할 수 있기에 처음 작가를 꿈꾸는 이들은 자기 예술영역에서 표현에 가장 필수적인 기술을 습득하기 위해 노력한다. 화가라면 뎃생, 첼리스트라면 정확한 현을 잡는 일 등이다.

표현 기술만 뛰어나도 감동을 주기도 한다. 현대 넘쳐나는 예쁜 디자인들이 그 증거다. 수많은 예술가들이 자기 관념을 표현하기 위해 자기 디자인을 이용했을 수도, 아닐 수도 있다.

사실 얼마나 표현을 위해 노력했는지는 모른다. 위대한 예술 작품과 그저 예쁘기만 한 디자인의 차이를 말 한마디로 설명하기란 아주 어려운 일이다. 따라서 예술은 이해하기 어렵고 관객에 의해 지극히 주관적으로 판단되는 영역이라고 흔히들 말한다.

나는 의업 안에서의 좋은 예술가가 되고 싶다. 뎃생최신 지견에 입각한 현재 최선의 치료실력도 물론 인정받고 싶거니와 관객이 나의 관념을 읽어주길 바란다. 약이나 술기뿐 아니라 치료를 위한 나의 진심이 환자에게 닿기를 꿈꾼다. 그런 환자들이 많다면 의사로서 큰 기쁨을 느낄 것 같다.

3   의사의
미래

미래를 그린 공상과학 영화는 대개 액션 영화다. 당연히 외상 등 의학적 상황이 자주 등장한다. 신체 손상, 죽음 등의 극단 적 상황은 언제나 주인공의 운명적 선택을 강요한다. 극적이 어서 재미있는 드라마의 묘미다. 치료받는 상황을 잘 살펴보 면 신기하게도 잘 등장하지 않는다. 가끔 흰 가운을 입은 의 사가 등장하기도 하지만 보조인력에 더 가깝다. 이들이 버튼 을 누르면 어떤 병이던 쉽게 완치된다. 인공지능이 치료 전체 를 관장하는 모습 때문에 사람들이 쉽게 의사라는 직업이 없 어진다고 예측하지 않았나 하는 생각을 한다.

실제로 '4차 산업혁명'이니, '미래의 직업'이니 하는 강연을 들어보면 없어지는 직업으로 의사가 항상 등장한다. 물론 설 마 없어질까 하고 생각하는 관객에게 충격을 주기 위해 언급 되었을 수도 있다. 아픈 사람은 언제나 있고, 앞으로도 존재할 테고, 의업에는 고도의 책임감이 요구될 테니 의사가 없어지 기란 쉽지 않다. 인공지능이 오진이나 치료 실패를 할 수 있 다. 그때 이들은 책임질 수 있을까? 환자는 받아들일 수 있을 까? 자판기에 동전이 먹혔을 때처럼 기계를 치는 것으로 넘 어갈 수 있을까? 실제로 넘어야 할 산이 너무 많다. 기술만 넘어야 할 문제가 아니다. 윤리적으로 법적으로도 갈 길이 멀다.

의사가 되고 싶은 이들이 의사의 미래, 의사의 전망 등에 대해 당연히 궁금할 수 있다. 하지만 의사의 전망이 어둡다는 그런 어두운 미래를 장담하며 말하고 싶지는 않다. 미래를 점치기 이전에 본인이 의사와 어울리는 사람인지를 먼저 생각해 보길 바란다. 의업을 천직으로 생각하지 않는 의사는 평생 고통받으며 살 확률이 높다. 의사가 되기 위해 많은 시간을 투자하고, 이후 다른 일을 찾아보기에는 용기도 에너지도 떨어진다. 의사의 길에 발을 딛기 이전 먼저 마음의 소리를 잘 들어보길 권하고 싶다.

Q1

의사의 전망은
어떠한가요?

지금까지 이 책을 읽은 독자라면 '의사는 좋은 직업이다'라는 생각이 조금은 들지 않았을까? 실제로 그렇고 전망도 나쁘지 않다. 그런데 최근 들어 의사들 사이에서 의사의 전망이 그렇게 좋지만은 않다는 분석이 나오기 시작했다. 다른 말로 하면 '내 자식 의사 시키고 싶지 않다'는 거다.

의사들뿐만이 아니다. 여러 매체에서 의사라는 직군의 존립을 걱정하는 여러 기사를 다뤘다. 인공지능의 발달이나 디지털 의료, 원격진료 등이 그 화두를 이끌고 있고, 대부분 이런 기술의 발달이 가장 큰 이유라고들 생각한다. 그런데 이렇게 의사의 전망이 회색빛이라는 사실을 두고 의사와 의사 아닌 이들은 다른 이유를 댄다. 사람들은 기술의 발달이 그렇게 만들지 않을까 하고, 의사들은 우리나라 의료 시스템을 이유로 든다. 엄밀히는 한국 의사만의 문제라는 것이다.

우리나라 필수 의료는 국민건강보험에 의해 운영된다. 대한민국 국민이라면 수익의 일부를 자신이 아프지 않아도 건강보험료로 내야 하고, 병원을 가면 대개 국민건강보험 혜택을 받을 수 있다. 보건복지부에서 관장하는 일이고, 의사의 진료가 적절

했느냐는 심사평가원에서 심사한다. 다른 말로 하면 모든 의료기관은 건강보험 요양기관으로 지정되어 있다. 다른 말로 하면 한국 의료기관이 건강보험 요양급여를 거부할 수 없다. 이를 당연지정제라고 한다. 여기까지는 좋다.

문제는 보험 수가의 인상이 적절하지 않다는 점이다. 수가가 인플레이션을 한참 못 따라오고 있다. 심지어는 원가를 보전하지 못하는 진료도 허다하고 이런 진료는 보면 볼수록 의사가 손해를 본다. 이뿐 아니라 심사평가원의 잦은 삭감도 문제로 지적된다. 믿기 어렵겠지만 한국에는 '최신의학'과 '심평의학'이 혼재한다. 교과서적으로 또는 최신 지견에서 어떤 치료를 권장하더라도 심사평가원_{심평원}이 정한 기준에서 벗어난다면 의사는 처방할 수 없다. 이 처방기준을 벗어나면 삭감_{의사가 보험에 해당하는 부분을 물어내야 한다}이다. 의사들은 입 모아 보건복지부와 심사평가원을 '슈퍼갑'이라 부른다.

심사평가원의 출범 의도는 좋다. 하지만 잦은 삭감이 필수 의료과 의사들의 기세를 꺾고 자기 영역을 떠나게 한다는 지적도 있다. 피부미용 등 비급여치료에 의사들이 많이 몰려 있다. 한편 의료의 중심을 지켜야 할 필수 의료과들은 망해가고 있다. 한국을 제외한 선진국에서 내과, 외과, 소아과, 산부인과 등 중요한 필수과 의사들은 존경받고 사랑받으며 보수도 많다. 하지만 한국의 필수 의료과 의사들은 일은 고되고 돈은 타 세부과에 비해 훨씬 적게 번다. 무엇보다 이들을 힘들게 하는 점은 전문가로 키워졌지만 자기 전문영역을 마음껏 펼치지 못하는 데 있다.

필수 의료과가 망해간다는 지적은 10년 전부터 있었다. 하지만 정부는 모르쇠로 대응하고 각 과의 학회 측은 전공의 수급만 되면 된다는 땜질식의 대처만 해왔다. 그 결과 가장 길게 배우고 가장 전문가다워야 할 이 필수과들의 전공의 수련과정만 더 짧아졌다. 수련과정이 짧으니 지원자가 더 많을 거란 생각에서다. 대학병원 필수과들의 중요한 축은 레지던트로 돌아가니 어쩔 수 없는 선택으로 보인다. 그 결과 피부과는 4년 수련인데 내과는 3년이다. 이비인후과는 4년 하는데 외과는 3년을 한다. 그리고 소아청소년과도 이제 위기를 같은 식으로 대처하기로 했다. 2022년부터 소아청소년과도 레지던트 수련을 3년으로 단축한다. 가장 중요하고 많이 배워야 하는 과들이 전공의 인력 보충을 위해 수련 기간을 단축하는 모습이 씁쓸하다.

최근에는 의사의 현실적인 고충을 다루는 문화 콘텐츠도 나오고 있다. '내과 박원장'이라는 인터넷 만화가 의사의 현실적인 모습을 그렸다 하여 인터넷으로 큰 인기를 끌었다. 너무 인기가 많아 2021년 8월 네이버 웹툰 정식연재와 배우 이서진 씨 주연의 드라마 제작까지 앞두고 있다고 한다. 처음 이 만화가 인기를 끌게 된 것은 의사들 사이에서였는데, 의사의 모습을 현실적으로 그린 콘텐츠가 처음이었기 때문이다. 지금까지의 드라마, 영화, 만화 등에서 그려지는 의사의 모습은 대개 비의료인이 그린 작품이었다. 그래서 의사에 대한 판타지가 주를 이뤘지만 정작 실제 의료 현실은 아무도 다루지 않았기 때문이다. 말하자면 의사도 한 명의 생활인인데 아무도 그런 모습을 보고 싶지 않아 할 것 같아 없었던 것 같다. 우리

에게는 다큐멘터리인데 남들에게는 코미디인 현실이 웃기고
도 슬픈 게 인기의 비결이 아닐까.

필자가 의사의 삶이 궁금한 독자를 위해 책을 쓰기 시작했다
고 주변 의사들에게 알렸을 때 반응이 재밌었다. 다들 농담처
럼 의대를 가면 해외의사 시험도 같이 준비하라는 내용을 꼭
적어두라고 했다. 의사로 사는 것이 경제적으로 부족하지는
않지만 사명감만으로 의사를 지속하기는 어려운 현실이다.
오히려 사명감 있던 의사들이 의업을 떠나고 있다. 의사의 전
망을 그렇게 어둡게만 보고 싶지는 않지만, 그래도 의사가 되
고 싶은 학생들에게 마냥 장밋빛 미래만 있다고 말할 수는 없
을 것 같다.

Q2
로봇이 대신
수술하는 시대가 올까요?

의사를 로봇이 대체한다는 전망은 이전부터 있었다. 인공지능이 대체한다는 이야기도 있다. 사실 로봇이 대신 수술하는 시대는 이미 도래했다. 로봇 수술은 해외파병이 잦은 미군들을 위해 미국 본토의 실력 있는 의사들이 인터넷 연결을 통해 수술한다는 콘셉트를 갖고 시작되었다. 모든 의사를 파병지로 파견하기에는 여러 현실적 문제가 있으니 생각해낸 방법이다. 현재 로봇 수술은 기술적으로 굉장히 발전했으며 작은 토마토 껍질을 벗겨낼 수 있을 정도의 수준이 되었다.

그럼에도 인공지능이 의사의 역할을 대신하기에는 현실적인 어려움이 많다. 인공지능 주도 로봇 수술을 생각해 보면 더욱 그렇다. 스스로 많은 변수 속에서 의사결정을 할 수 있는 인공지능이 되어야 하는데, 현실적으로는 아직도 멀었다. 물론 지금의 인공지능도 상당한 발전 수준에 이르렀다. 영상 판독을 하고 항암 치료를 시행할 수 있다. 하지만 몸에 칼을 대는 침습적 상황을 고려한다면 거의 무결점의 상태까지 발전해야 한다. 다른 말로 하면 완벽함을 넘어섰을 때만이 비로소 고려할 수 있다. 자기 몸을 완전히 내맡길 환자 입장에서 휴먼 에러는 받아들일지언정, 기계의 오류는 감정적으로 받아들이기 어렵다. 인공지능 전문가들도 인공지능의 발달이 우리가 흔히 여러 매체에서 말하는 것만큼 발전하지는 않았다고 입을 모은다. 그러므로 필자는 시기상조라 생각한다.

로봇과 인공지능의 능력이 기술적으로 해결되었어도 문제가 남아 있다. 의료사고가 발생했을 때 책임소재는 어디에 있는지다. 환자 측은 제조사에 온전히 책임을 묻고 싶겠지만 쉽지는 않을 것이다. 특히나 로봇이 처음부터 끝까지 모든 치료를 진행하기 어려우니 의사와 협진하는 과도기가 있을 텐데 이때가 문제다. 이 경우 의사에게 더 많은 책임이 묻게 된다. 안전과 관련해서는 기술이 아무리 발전해도 최종판단은 로봇이 내릴 수 없을 거라는 가정이 항상 깔려있다. 자율주행 자동차가 현실화되지 않는 이유를 생각하면 쉽다. 진료의 권한은 적고 책임은 많이 져야 하는데 의사들이 협조적일 리가 없다. 이 과정을 넘기란 매우 어려운 일이다.

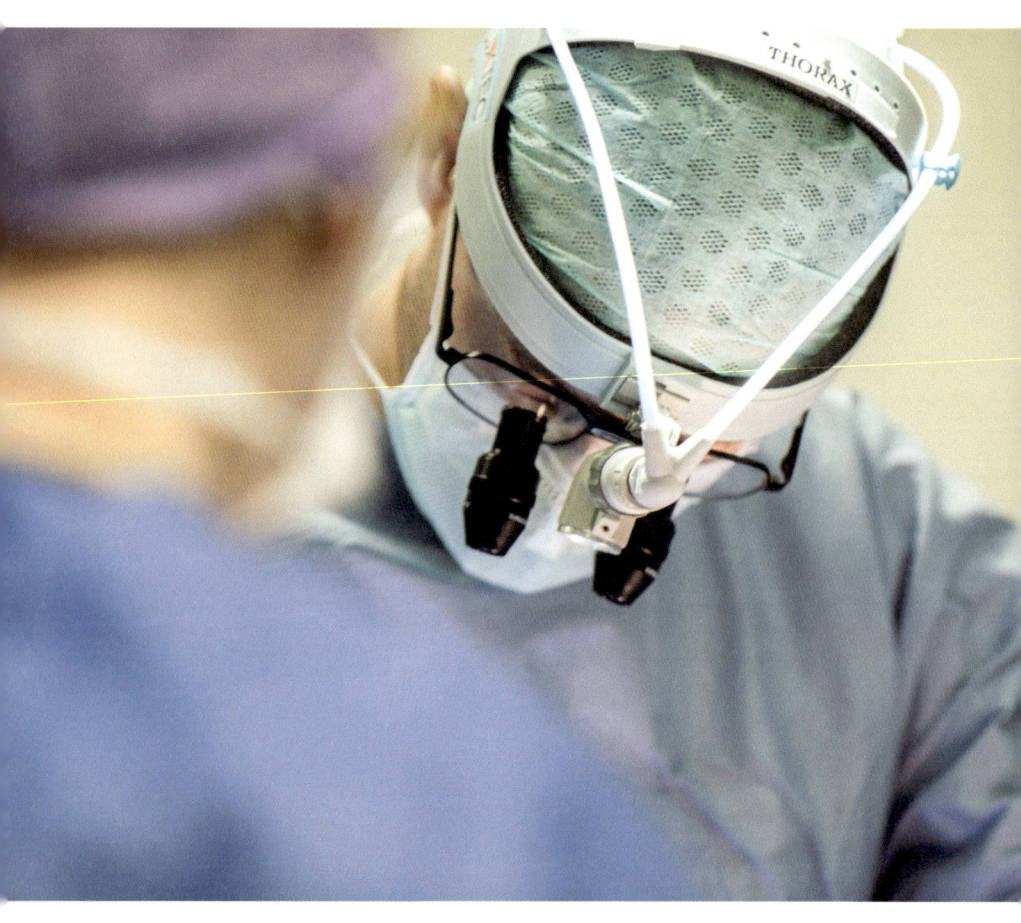

Q3
의사를 꿈꾸는 이들에게
해주고 싶은 말이 있나요?

필자에게는 6세 아들이 있다. 가끔 고열이나 복통 등이 있어 몇 번 필자가 일하는 병원 응급실에 간 적이 있다. 거기서 의사 가운 입고 돌봐줬더니 아빠가 의사인 걸 안다. 그래서 몸과 관련한 돌봄은 언제나 아빠가 해주기를 원한다. 배가 아플 때 엄마보다는 아빠를 찾고, 코피가 나도 아빠가 휴지로 콧구멍을 막아주기 원한다.

한번은 먼저 물어보지도 않았는데 자기는 커서 의사가 되고 싶다고 했다. 다행히 아빠의 모습이 아들에게는 나쁘게 비추어지지 않았던 것 같다. 아빠로서는 기분 좋은 일이다. 생각해보면, 아이 입장에서는 여느 아이들처럼 "나는 커서 아빠가 될 거야"라고 말한 것과 같다고 생각한다. 모든 아이들은 처음 보는 그리고 가장 많이 보는 아빠를 롤모델로 삼을 수밖에 없다. 다른 말로 하면 내 아들은 아빠가 의사라는 특수 상황에 있으면서, 의사라는 직업이 우연히도 '아빠'의 특성을 너무 많이 갖고 있기 때문에 자연스럽게 '의사'를 고르지 않았나 하는 생각이 든다.

환자는 아이와 비슷한 습성을 가지고 있다. 아이들은 하나부터 끝까지 부모가 알아서 해주기를 원한다. 본인이 원하는 바도 있지만 두려움도 있고, 부모가 자기 의사에 반하는 일을 시키면 한없이 서운해하기도 한다. 환자는 당연히 자기 몸에 대한 자율권을 가지고 있지만, 너무도 쉽게 이를 포기하고 싶어 한다. 의사가 모든 결정을 다 해주길 원하고, 결과가 만족스럽지 않으면 자신이 결정했더라도 비난의 대상으로 의사를 고르는 경향이 있다. 병 앞에선 불안할 수밖에 없으며 전문가인 의사와 함께하며 불안함을 삭히려 하지만 사실 쉽지는 않다.

불안해하는 환자를 보며 의사는 부모의 마음가짐을 가져야 한다. 가장 좋은 선택을 하도록 도와야 하며, 명백히 잘못된 길을 가려고 하면 막아야 한다. 감정적 투사를 하더라도 이해해야 한다. 병을 가진 사람은 이성적이기 쉽지 않기 때문이다. 그러면서도 환자가 이성적 선택을 할 수 있도록 안내하고, 결국 자기 몸의 결정권을 가진 사람은 본인이기에 그 선택에 후회가 없도록 해야 한다.

의료윤리의 원칙 중 충돌하는 것처럼 보이는 두 가지 원칙이 있다. 아비가 된 듯 환자의 길을 가부장적 보호 관계를 이끌어가는 온정주의Paternalism 와 자율성 존중의 원칙Respect for autonomy 이다. 의사는 환자의 결정을 항상 명령하듯 말해서도 안 되고, 환자의 말을 다 들어줘서도 안 된다. 이 중간을 잘 유지하는 일이 굉장히 힘들다.

의사의 이러한 역할을 잘 알고 체화시키기란 쉽지 않은 일이다. 많은 이들이 공부를 열심히 하면 의사가 되고, 해결사가 되어 멋진 의술을 뽐내길 기대하지만 더 중요한 점은 환자 앞에서 좋은 의사로 남는 것에 있다. 처음부터 좋은 아버지는 아무도 없듯, 누구나 좋은 부모가 되기 위해 인내하며 마음을 갈고 닦아야 하므로 의사 역시도 그렇다고 보면 된다. 의사가 되기 위한 모든 과정을 겪은 이들은 그때부터 자신을 새로 단련해야 한다. 쉽지 않은 길임을 모든 의사 지망생들이 알아주었으면 한다.

의사가 사용하는 은어

의사만 아는 은어를 약간 소개해 보려 한다. 분야별로 전문영역이 달라 영역별 은어는 의사들끼리도 잘 모른다. 그렇지만 의대나 필수 수련과는 모두 거쳐 가므로 이때 사용하는 은어는 대부분 의사들이 알고 있다. 이를 중심으로 몇 개 적어 보고자 한다.

의대생 때 배우는 은어들

옵세

정신과적 강박 장애(Obsessive-compulsive disorder)에서 유래한 것으로 보이는데 정확한 어원은 잘 모르겠다. 공부를 너무 열심히 하는 학생을 강박적으로 공부한다고 놀리는 은어다. 때에 따라 모욕으로 받아들이는 의대생들도 있다.

야마/짤족/탈족

시험 문제 기출 문제를 '족보' 또는 '야마'라고 한다. 또는 출제되었던 공부 범위를 말하기도 한다. 족보에서 시험 문제가 나오면 "족보를 탔다"라고 하거나 '짤족'이라고 한다. 반대로 족보를 안 타는 경우도 있다. 그러면 '탈족'이라고 한다. '탈족'하면 안 좋을 것 같지만, 다 같이 시험을 못 보면 오히려 좋기도 하다.

재시/섬

시험을 다 같이 못 보면 평균점수가 내려간다. 물론 교수님은 "너희 학년은 전체적으로 공부를 안 하는구나"라며 화를 낼 것이다. 그렇다고 바로 F학점을 남발하지는 않는다. 의대에는 유급제도가 있어서 F학점 하나면 학년 전체를 다시 재수강해야한다. F학점 대신 '재시'가 시행된다. 말 그대로 재시험을 본다는 뜻으로 시험 문제는 대개 같다. 다만 점수 커트라인이 올라간다. 기존에는 60점만 넘어도 합격이라고 한다면, 이번에는 80점 또는 100점을 받아야 진급하는 식이다.

'섬'이라는 개념도 있다. 육지와 섬 할 때 그 섬이 맞다. 학생들의 평균점수가 산정되면 표준편차 그래프를 이루게 된다. 평균점수 쪽의 Y축이 가장 높고 양극단(고득점, 저득점 학생 수)의 수는 적어진다. 저득점 학생 중에서도 완전히 동떨어진 점수를 받으면 그를 섬이라고 한다. 슬프지만 섬이 되면 대개 유급을 당하고, 1년 다시 공부해야 한다.

땡시

시험의 문제가 총 30개라고 하면 각 30초 이런 식으로 시한을 두고 보는 시험이다. 교실에 빙 둘러서 시험 문제를 나열해 두고 한 문제 앞에 학생 한 명씩 선다. 30초 안에 자기 답안 종이에 답을 써야 하고 시간이 되면 '땡!' 하고 종이 울린다. 그러면 한 칸씩 옆으로 이동해 다음 문제를 푼다. 시간 내 답을 못 쓰면 뒷사람에게 피해를 주므로 포기해야 한다. 가끔 번호를 헷갈려 밀려 써서 낙제하는 가슴 아픈 상황도 있다.

슈도

가짜(Pseudo-)라는 뜻의 접두어다. 여러 상황에서 적용하여 쓸 수 있다.
예) 시험 전날 별로 중요하지 않은데도 족보라고 떠도는 '슈도 족보'
　　병이 없는 데도 있다고 호소하는 '슈도 환자'

브레인/멤브레인/포크레인

조별로 모여 해부학 실습을 할 때 팀워크가 중요하다. 이때 주도적으로 모든 공부를 해와서 조원들에게 알려주는 뇌 그 자체인 '브레인(Brain)'이 있다. '멤브레인(Membrane)'은 공부도 안 하고 메스도 안 들고, 옆에서 지식을 받아먹기만 하는 친구를 말한다(읽기에는 비슷하지만 완전히 다르다. '막'이라는 뜻으로 사실 뜻은

'브레인'과 아무 상관이 없고, 의대 교과서에 많이 나오는 단어라 모두가 익숙하다. 얇은 막 같은 얇은 지식을 가진 학생을 뜻한다).

'포크레인'은 우리가 아는 그 중장비가 맞다. 공부는 열심히 안 하는데 열정은 넘쳐서 메스 들고 일단 몸 쓰면서 해부하는 부류들이다. 이들은 가끔 '브레인'에게도 도움을 준다. 책으로만 봐서 알던 부위를 '포크레인'들이 다 헤쳐 놓으면 그제야 "아, 실제로는 인체 구조가 이렇게 생겼구나!" 하기도 한다.

신환
새로 와서 처음 보는 환자를 말한다.

라뽀Rapport
환자와 의사 관계를 말한다.

모폴로지
생긴 형상 자체를 말한다. 과학적으로 보이는 그대로 묘사를 할 때 모폴로지에 설명한다고 하는 식이다.
예) "걔는 모폴로지가 딱 '옵세'던데?"

환타
'환자를 탄다'는 뜻으로 환자의 수를 많이 보거나 중환자를 많이 받아 힘든 의사를 말한다. 일이 너무 많아지면 의료진들끼리는 서로 "당신이 환타라 이렇게 힘든 것 아니요?"라고 놀리기도 한다. 실제로 의사들은 같은 이름의 그 탄산음료는 입도 안 댄다. 의사에게 그 음료수를 선물하는 일은 결코 없어야 한다.

비나인/말리그Benign/Malingnancy
양성/악성이라는 뜻이다. 종양의 성격에 따라 나눈 분류지만 일상생활에서도 많이 쓴다. '비나인'은 사실 잘 쓰지 않고, '말리그'는 자기 할 일을 안 하고 남에게 피해만 끼치는 사람을 말한다.

룰 아웃Rule out

배제상병을 정하는 논리과정을 말한다. 상병을 배제하고 진단 가능한 질환을 좁혀 치료하게 된다.

팔로-우 업Follow up

한 번의 진료로 진단이나 치료를 완료할 수 없는 경우가 많다. 이럴 때는 계속 의사가 환자를 시간을 두고 보면서 치료한다. 환자가 갑자기 의사를 찾지 않아 더 이상 모습을 볼 수 없을 때 '팔로우 업 로스(Follow up loss)'라고 한다.

예) "너 소개팅녀랑 잘 되어가는 분위기라고 하지 않았어?"

"말도 마. 팔로우 업 로스 됐어."

수련의 때 알게 되는 은어들

응당/병당/100일 당직/벌당/오프/퐁당퐁당

낮 동안 정규업무 이외 밤새 환자를 보는 일을 당직이라 한다. 이는 당직 관련 용어들이다. '응당'과 '병당'은 각각 응급실 당직, 병동 당직을 말한다. '100일 당직'은 1년 차가 들어왔을 때 100일 연속으로 당직을 서는 것을 의미한다. 이 기간엔 집에도 못 가고 하루 종일 환자만 보므로 육체적으로 굉장히 힘들다. 그런데 과에 따라 100일 당직이 우스운 일 년 내내 귀가 안 하는 과도 있다. '벌당'은 귀책사유가 있을 때 벌로써 서는 당직이다. 환자를 잘 못 보거나 수련 도중 무단이탈하는 경우 등 주어진다. 당직이 쌓이면 체력이 많이 달린다. 당직을 서도 다음 날 낮 동안 근무는 하기 때문이다. 낮 근무만 하고 당직은 없는 날을 '오프(Off)'라고 한다. '퐁당퐁당'은 하루는 오프, 하루는 당직 서는 식의 근무조건을 말한다. 최근에는 전공의 특별법이 제정되어 당직 시스템의 변화가 많이 생겼다. 따라서 위에 기술한 혹독한 수련이 사라지는 추세이다.

내공

무협지에서 유래한 것으로 생각되는 은어다. 보통은 '오랜 기간 경험을 통해 쌓은 능력'을 뜻하나, 간혹 내공이 부족하다 싶으면 '당신 때문에 환자가 많이 몰리고 있어 힘들다'는 뜻으로 사용되기도 한다.

유비무환

날씨가 안 좋으면 환자가 안 온다. 비가 오는 날은 환자가 적다. 있을 유(有), 비는 순우리말이고, 없을 무(無), 환자의 환(患)이다.

말펑션/말프랙티스

접두어 'Mal-'은 나쁘다, 잘못되었다 등을 의미한다. '말펑션(Malfunction)'은 오작동이라는 뜻으로 일을 못 하는 의료진을 의미한다. '말프랙티스(Malpractice)'는 오진 또는 잘못된 치료 등을 말한다.

베드리든/ABR

환자들이 누워 있는 경우가 적지 않기 때문에 많이 들을 수 있는 용어들이다. '베드리든(Bed ridden)'은 누워만 있는 환자를 말한다. 이런 환자들은 중력 때문에 피부가 눌려 욕창이 생길 수 있으니 특히 조심해야 한다. 'ABR'은 일부러 누워 쉬라는 처방을 말한다. 'Absolute bed rest'의 약어다. 의사들 사이에선 "어제 오프 때 뭐 했어?"라고 질문하면 "피곤해서 ABR 했지"라고 답하곤 한다.

압뻬/뒷뻬/빤뻬리/헤모뻬리/똥뻬리/얼뽀

응급실이나 수술방에서 많이 들을 수 있고, 특히 권설음을 강조해 입에 달라붙는 용어들이다. 흔히 맹장염으로 알고 있는 충수돌기염을 '압뻬(Appendicitis)'라고 한다. 압뻬 수술을 하려는데 가끔 충수돌기가 뒤로 숨어 잘 안 보여 수술하기 어려울 때가 있다. 이런 압뻬는 '뒷뻬'라고 한다. 압뻬가 터지거나 기타 다른 외상 등으로 인해 무균상태여야 할 복막이 오염되는 경우가 있다. 복막염 수술은 염증 부위를 다 씻어 내야 하므로 수술이 커지고 난이도가 높다. 이를 Pan(전체의)과 Peritonitis(복막염)을 따서 '빤뻬리'라고 한다. 빤뻬리를 만든 오염물질에 따라 이름을 달리 부르기도 한다. 피가 가득 차면 '헤모뻬리(Hemo는 피라는 뜻이다)', 압뻬 등이 터지면 장의 똥이 복막을 오염시키므로 '똥뻬리'라고 한다. 궤양이 터지면 '얼뽀'라고 한다. 'Ulcer perforation'을 줄여 부르는 말이다. 얼핏 다 비슷하게 들리지만 자세히 보면 해당 영어 단어가 모두 달라 재미있다.

인투/생투

기관삽관을 '인투베이션(Intubation)' 또는 '인투'라고 한다. 인투베이션을 하면 기도로 관이 삽입될 때 고통스럽고 숨길에 느껴지는 이물감에 또 고통스러워한다. 따라서 많은 환자들이 본능적으로 관을 잡아 뽑는 동물적 행동을 한다. 이때 술기를 안정적으로 시행하고 싶다면 반드시 환자를 재워야 한다. 그런데 가끔은 의식이 아예 없는 환자에게 인투를 해야 할 때도 있다. 전혀 반응이 없는 이런 환자는 수면 상태로 재우거나 할 필요가 없다. 그럴 때는 바로 인투 한다. 이렇게 '진정제로 안 재우고 생으로 그냥 인투 하는 경우'를 '생투'라고 한다.

쇼피알Show PR

심폐소생술을 CPR(Cardiopulmonary resuscitation)이라고 한다. 폐와 심장이 멈추면 사람이 죽는다. 이때 가슴을 압박하여 인공적으로 심장을 뛰게 하고, 기도에 공기를 넣어 산소를 공급하는 의학적 행위를 CPR이라고 한다. 병원에서는 이 CPR을 보여주기 식으로 하기도 한다. 이를 '쇼피알'이라고 하며, 분명히 사망하였고 따라서 소생의 확률이 없어도 CPR을 하는 것을 말한다. 유족이 도착할 때까지 기다리기 위해서다. 사망이 확정되어도 유족은 임종의 순간을 지키고 싶어 한다. 이들의 감정을 위해 불필요해 보이고 많은 노력이 들지만 굳이 힘든 보여주기식의 CPR을 한다. 그제야 유족은 마음에서 고인을 떠나 보낼 수 있다.

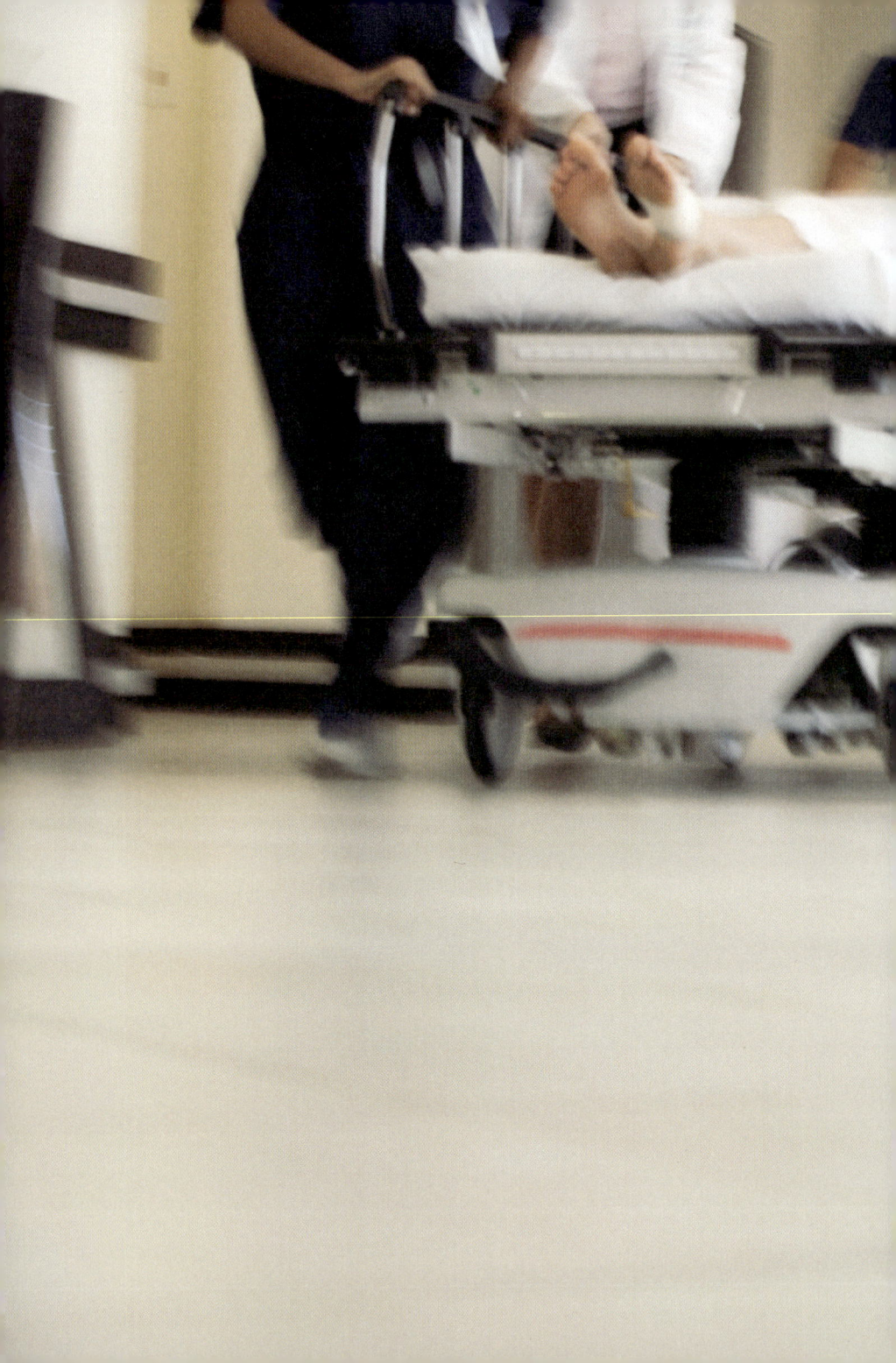

EPILOGUE

살면서 여러 번 긴 글을 쓸 일이 있었다. 소설도 쓰고 수필로 책도 냈다. 집필이란 일종의 정신노동에 가까워서 쓰는 과정이 매우 고되다. 즐거워하는 일이라지만 솔직히 힘들다. 그래서 글쓰기를 끝내고 나면 언제나 홀가분한 기분이 들었다.

이번 글을 쓰면서도 그랬다. 바쁜 진료 도중 없는 여유 시간을 내 완성한 문장들이다. 마지막 마침표를 찍으며 "드디어 끝났구나" 하는 생각이 드니 언제나처럼 상쾌함이 몰려왔다. 그런데 이번에는 좀 달랐다. 마음속 불편한 감정도 한편에 같이 남아 있었다. 답답함과 독자에 대한 부담감이었다.

예전에 썼던 글들은 남을 재밌게 하거나 감동을 주기 위해 썼다. 그런데 이번 책의 목적은 독자에게 좋은 정보를 주는 것이다. 의사를 꿈꾸는 이들에게 현실을 바로 알리면서도 지나치게 희망차거나 어두운 분위기를 풍겨서는 안 되었다. 최대한 중립적으로 썼다고 해도 꿈꾸고 있는 독자들에게 직업에 대해 오해하게 하고, 혹여나 나쁜 영향을 주지는 않을까 걱정이 됐다.

많은 우려 때문에 필자가 알고 있는 사실도 여러 번 체크했다. 동료 친구들에게 읽어달라고도 부탁하고 요즘 의대 상황을 잘 알고 있는 까마득히 어린 후배들에게 묻기도 했다. 많은 검증을 거쳐도 불안하기는 여전했다. 누군가의 인생에 작은 물결을 만드는 일이라 그랬을까. 문장 하나하나가 조심스럽고 염려하며 매만져야 했다.

이제 원고는 내 손을 떠나 독자의 손으로 간다. 평생을 의사의 모습만을 상상한 자아를 한 방울 담았다. 나의 소망을 담은 작은 씨앗이 민들레 홀씨처럼 날아, 누군가의 마음속 꿈 가득한 흙 위로 잘 앉기 바란다. 어떤 이들의 심장에서는 깊은 뿌리마저 내리는 모습도 상상해 본다. 나아가 먼 훗날 내 책을 읽은 후배 의사들을 만날 수도 있지 않을까 생각해 보기도 한다.

세상에는 많은 의사가 있다. 모두 다른 사람들이 각자의 꿈을 갖고 의사가 된다. 그들은 각자의 방식으로 병마 가득한 세상을 조금씩 바꿔 나간다. 다양한 모습이지만 보기에 아름답다. 의사가 되는 모든 이들의 인생이 의사를 업으로 삼으며 더욱 빛나기를 바란다.

의사가 되는 골든타임

초판인쇄 2022년 4월 15일
초판발행 2022년 4월 15일

글 양성우
발행인 채종준

출판총괄 박능원
편집장 지성영
책임편집 김채은
디자인 김예리
마케팅 문선영 · 전예리
전자책 정담자리

브랜드 크루
주소 경기도 파주시 회동길 230 (문발동)
문의 ksibook13@kstudy.com

발행처 한국학술정보(주)
출판신고 2003년 9월 25일 제406-2003-000012호

ISBN 979-11-6801-388-9 03040